Theodor Beltle

Die Krise
**Folge eines Denkfehlers
der klassischen Ökonomie über das Sparen**

Theodor Beltle

Die Krise –
Folge eines Denkfehlers der klassischen Ökonomie über das Sparen

Wege zu einer krisenfreien Wirtschaft

R. G. Fischer

CIP-Kurztitelaufnahme der Deutschen Bibliothek

Beltle, Theodor:
Die Krise – Folge eines Denkfehlers der klassischen Ökonomie über das Sparen: Wege zu einer krisenfreien Wirtschaft / Theodor Beltle. – Frankfurt (Main): R. G. Fischer, 1984.
 ISBN 3-88323-403-6

© 1984 by R. G. Fischer Verlag,
Alt Fechenheim 73, D-6000 Frankfurt 61
Alle Rechte vorbehalten
Satz: Hannelore Kniebes, Titlmoos
Herstellung: difo-druck schmacht, Bamberg
Printed in Germany
ISBN 3-88323-403-6

INHALT

Vorwort 7

1. TEIL

I. Die Suche nach den Ursachen der
   Wirtschaftskrise 9
   1. Die kontroversen Positionen in der Konjunktur-
      diskussion 9
   2. Aussagen der Konjunkturtheorie 13

II. Die faktischen Bewegungen des Geldes im
    Konjunkturgleichgewicht 24
    Entstehen und Vergehen des Geldes 24
    Geldbewegungen im Unternehmen 26
    Das Bankensystem und das Geld 27

III. Exkurs zur Forschungsmethode 30

IV. Die Störungen des Konjunkturgleich-
    gewichts 34
    1. Inflation 35
       Konjunktursteuerung durch Konjunktur-Assoziation . 39
       Soziales Zusammenwirken und Information 41
    2. Unternachfrage — Konjunkturtheorie der Nachfrage-
       veränderung
       Weshalb ist der Nachfragegeldstrom zu schwach? 43
       Der Denkfehler der klassischen Ökonomie 44
       Spargelder vermindern einseitig den Nachfragegeld-
       strom 46
       Der Konjunkturverlauf 1950—1982 49
       Nachweis der Tendenz zur Unternachfrage 52
       Der Weg in die Krise 62

3. Änderung der Konjunktursteuerung (-politik) in der
   Unternachfrage
   Arbeitszeitverkürzung. Zahlung der Arbeitslosen-
   gelder durch die Wirtschaft 66
   Reduzierung des Geldsparens 68
   Schenken 71
   Entsparung durch Inflation? 73
   Steigerung der Investitionen 74
   Wachstumspolitik 74
   Geldpolitik und Zinspolitik 75
   Staatsverschuldung 76
   Sparförderung 78
   Die Frage der Ölgelder 78
   Ergebnisse 79

2. TEIL

Die Folgen einer krisenfreien Wirtschaft für die
Gesellschaft 83
   1. Schädigungen von Natur und Mensch durch die
      Wirtschaft oder die Politik? 86
   2. Ursachen naturzerstörender Produktionen durch eine
      einseitige Wissenschaftsrichtung 91
   3. Wissenschaftsmethode materieller Mechanismen —
      ein weltweiter Machtfaktor 95
   4. Die fundamentalen Ursachen der Naturzerstörung .. 101

PERSONENVERZEICHNIS 107
SACHVERZEICHNIS 108

Vorwort

Die Industrieländer der westlichen Welt steuern mit Massenarbeitslosigkeit und Unternehmenszusammenbrüchen auf eine schwere Wirtschaftskrise mit unübersehbaren Folgen zu. Die entscheidenden Ursachen sind bisher nicht gefunden. Die Abwehrmaßnahmen reichen nicht aus.
Die nachfrageorientierte Konjunktursteuerung kommt infolge der stark angestiegenen Staatsverschuldung in Schwierigkeiten. Die angebotsorientierte Politik ist dieselbe wie in der großen Krise der dreißiger Jahre, ihre Wirksamkeit in USA und England hat die Abwärtsentwicklung nicht aufhalten können.
Seit 150 Jahren wird von einigen Forschern, die durch Keynes repräsentiert sind, vermutet und behauptet, daß es eine der Wirtschaft innewohnende Tendenz zur Krise gäbe. Die andere Gruppe von Forschern, die sich auf die klassische Lehre beruft, und durch Friedman repräsentiert ist, bestreitet dies. Hier wird nachgewiesen, daß es diese Tendenz tatsächlich gibt und daß sie entsteht, wenn ein bestimmter Grad des Geld- und Wertpapiersparens überschritten wird. Ein verhängnisvoller Denkfehler, mit dem beide Richtungen behaftet sind, ist die Ursache der Krise.
Die Wirtschaftspolitik bzw. die Konjunktursteuerung bedarf ganz anderer Maßnahmen, um in Zukunft Wirtschaftskrisen abzuwenden. Gelingt dies, so hätte es allerdings auch sehr unerwünschte Folgen für die Gesellschaft. Die gefährlich fortgeschrittene Naturzerstörung würde in verstärktem Maße weitergetrieben werden, wenn nicht wirksamere Schutzmaßnahmen ergriffen werden. Eine verantwortliche Darstellung mußte daher in einem zweiten Teil auch diese Problematik berücksichtigen, denn neue Erkenntnisse müssen heute auch auf ihre Folgen für die Gesellschaft überprüft werden.

Es ist dem Menschen aufgegeben, die wahren Zusammenhänge der Rätselfragen des Daseins zu erkennen und danach zu handeln. Für die Verantwortungsträger wollen die angebotenen Lösungen eine Entscheidungshilfe sein.

Abgeschlossen im September 1983 *Theodor Beltle*

1. TEIL

I. Die Suche nach den Ursachen der Wirtschaftskrise

1. Die kontroversen Positionen in der Konjunkturdiskussion

Die Krisenanfälligkeit der Wirtschaft ist seit langem umstritten. Bevor ein neuer Ansatz zur Erkenntnis des konjunkturellen Prozesses dargestellt wird, seien zunächst die zentralen Anschauungen über die Konjunktur betrachtet. Um so nahe als möglich an der Wirklichkeit zu bleiben, werden zuerst die Stellungnahmen von Institutionen der Konjunkturforschung, anschließend die theoretische Herkunft der wenigen kontroversen Hauptgesichtspunkte wiedergegeben.

Auffallend ist, daß die Verlautbarungen der Konjunkturforschungsinstitute, der Bundesbank und des Sachverständigenrates zur Konjunkturpolitik mit Ausnahme einiger entscheidender Punkte weitgehende Übereinstimmung zeigen. Sehr deutlich kommen dieselben in dem Symposium des Deutschen Instituts für Wirtschaftsforschung „Strategien zur Wiedergewinnung der Vollbeschäftigung" zum Ausdruck.[1] Die Stellungnahmen lassen sich nicht einfach als monetaristisch oder fiskalistisch katalogisieren, immer wieder werden Argumente von beiden Strömungen verwendet. So sind z.B. die von der Bundesbank aufgenommenen und postulierten mittelfristigen Geldmengenziele zur Verhinderung einer inflatorischen Entwicklung nicht kontrovers, nur werden sie in ihrer Wirksamkeit verschieden beurteilt.

In bezug auf die Lohnpolitik werden gleichermaßen zurückhaltende Lohnerhöhungen gefordert, nur erfolgt die Begründung

---

[1] DIW Symposium: Strategien zur Wiedergewinnung der Vollbeschäftigung, Vierteljahreshefte zur Wirtschaftsforschung, Berlin 1/1980.

einerseits mit der notwendigen Hilfe für den Aufbau des Produktionspotentials, andererseits mit der Notwendigkeit einer Begrenzung auf die Sozialprodukterhöhung.

Selbst in der Frage der Finanzpolitik haben sich die verschienen Standpunkte angenähert. Einerseits werden die Grenzen einer weiteren Staatsverschuldung sichtbar und andererseits wird zwar eine Konsolidierung gefordert, die aber vorsichtig zu betreiben sei. Kontrovers ist die Frage, ob dies mit Ausgabenkürzungen oder Steuererhöhungen erreicht werden sollte.

Unstrittig ist die Notwendigkeit einer Erweiterung der Investitionen, aber die Ansichten gehen auseinander, wie dies geschehen kann. Die angebotsorientierte Politik der klassischen Ökonomie will nicht, daß dies durch die Aktivität des Staates geschehe, aber da sie nichts anderes zur Verfügung hat als den Wunsch nach einer stabilitätsgerechten Lohn- und Finanzpolitik, muß sie sich sagen lassen, daß ihre Vorstellungen auf dem „Prinzip Hoffnung" beruhen und daß die erwarteten autonomen Investitionen neuer Technologien niemals den Umfang erreichen könnten, um einen Beschäftigungseffekt zu erzielen.

Die nachfrageorientierte Politik hat aber auch keine durchgreifenden Vorschläge. Sie stellt fest, daß die Marktkräfte der Wirtschaft nicht ausreichen, um das Gleichgewicht wieder zu gewinnen, weshalb das Eingreifen des Staates unerläßlich ist, um die Nachfrage zu stärken. Da jedoch die Staatsverschuldung an eine Grenze gerät, erhebt sich die Frage, wie denn die Nachfrage zu steigern wäre, um Investitionen anzuregen. Da ist z.B. der Hinweis auf neue Großtechnologien im Bereich von Umweltschutz, alternative Energie, Städtesanierung usw., die der Staat wenigstens anregen und sich am Investitionsrisiko beteiligen soll. Kann dies aber die große Wende bis hin zur Vollbeschäftigung bringen?

Die angebotsorientierte Politik widerstrebt heftig der Vorstellung, daß der Staat dazu dienen soll, die Konjunktur zu fördern.

Es gelte vielmehr, das Angebot zu stärken, dies bringe ganz von selbst die entsprechende Nachfrage hervor. Es sei durch nichts bewiesen worden, daß der Wirtschaft ein dauerhafter Nachfragemangel innewohne. Deshalb erregt auch eine steigende Arbeitslosigkeit keine Besorgnis, weil sie nicht von langer Dauer sein könne. Vorrang genießt die Bekämpfung der Inflation, selbst in einer rezessiven Entwicklung.

So reduziert sich, genau besehen, die entscheidende Kontroverse in der Konjunkturpolitik und -theorie auf die fundamentale Frage, ob die Wirtschaft mit einer langfristigen Tendenz zur Unterbeschäftigung behaftet ist oder nicht.

Auch in anderen Stellungnahmen wird auf die gegensätzlichen Positionen der zwei Richtungen hingewiesen: ,,Die gegenwärtige konjunkturpolitische Diskussion kreist um die Frage nach der relativen Effizienz geld- und fiskalpolitischer Instrumente. Auf der einen Seite stehen die Monetaristen, die den untergegangenen quantitätstheoretischen Ansatz wieder aufgreifen. Sie versuchen die Steuerbarkeit der Geldmenge empirisch zu belegen und betonen deren Einfluß auf Nachfrage und Preise.

Auf der anderen Seite stehen die Fiskalisten, die auf Keynes'sche Gedanken aufbauen. Sie sehen das Wirtschaftssystem im Gegensatz zu den Monetaristen als instabil an und verlangen deshalb neben der Geldpolitik korrigierende steuer- und ausgabenpolitische Schritte des Staates.

Mit kräftigen Worten wird in dieser Kontroverse nicht gespart. Die Monetaristen sind gegen ,,den überschwänglichen Glauben an die Macht der Fiskalpolitik" angetreten. Die Fiskalpolitik sehen sie als ,,ein unzuverlässiges und schädliches Instrument" an, solange sie nicht mit einer straffen Geldmengenregulierung verbunden ist. Sie verlangen deshalb eine radikale Abkehr von der keynesianischen Lehre. Ihre Gegner halten den Monetarismus lediglich für eine ,,Modeströmung", die, wenn der Reiz des Neuen schwindet, wieder vorübergeht. Joan Robinson sieht in „der erhabenen Einfachheit" der Quantitätstheorie „ein überirdisches mystisches Element enthalten". Das scheinbar unaufhaltsame Vordringen monetaristischer Gedanken führen die Keynesianer nicht auf theoretische Überzeugungskraft und eindrucksvolle empirische Belege zurück, sondern auf die Verbindung „von dem Missionseifer früher Christen mit der Überredekunst amerikanischer Werbefachleute" bei führenden Monetaristen. Friede ist an dieser akademischen Front für die nächsten Jahre nicht zu erwarten.

Das Rückgrat des monetaristischen Ansatzes ist die Stabilitätsannahme. Der Markt wirke von sich aus auf die baldige Rückkehr zum Gleichgewicht hin, so wird von den Monetaristen unterstellt. Sie verweisen die Politiker darauf, ihr eigenes Verhalten zu stabilisieren. Zyklische Ausschläge seien durch konjunkturpolitische Übersteuerungen entstanden und nicht (so sehr) durch die Instabilität des Marktsystems. Sie drängen deshalb auf gleichmäßige Geldpolitik, um Destabilisierungen zu beenden, die von „Überreaktionen" der antizyklischen Geldpolitik ausgehen.

Die Keynesianer halten dagegen das Marktsystem für instabil. Sie sehen zyklische Faktoren, die der Rückkehr zum Gleichgewicht nach einer Störung entgegenstehen, sie hinauszögern oder gar verhindern. Sie verlangen deshalb korrigierende Maßnahmen, um kumulative Verstärkungen der anfänglichen Störung durch Akzelerator-Multiplikatorprozesse zu unterbinden und die Nachfrage wieder an den Gleichgewichtspfad heranführen zu können.

Die Fiskalisten rufen deshalb nach intensiverem Instrumenteneinsatz als die Monetaristen, die auf die Marktstabilität vertrauen".[2]

---

[2] Ulrich Teichmann: Grundriß der Konjunkturpolitik, 2. Auflage, München 1978, S. 146.

Nach dem Kriege wurden die Anregungen von Keynes weltweit angewandt, allein es zeigte sich, daß trotz des Einsatzes riesiger Finanzmittel die nach und nach in Erscheinung tretende Krise nicht verhindert werden konnte.

2. Aussagen der Konjunkturtheorie

Im normal verlaufenden Konjunkturzyklus wechseln sich Übernachfrage und Unternachfrage ab. Die Unternachfrage entsteht aus der Bekämpfung der Inflation durch Kreditbeschränkung von seiten des Bankensystems, wodurch die Zinssätze sich erhöhen und die Investitionstätigkeit gedämpft wird. Es folgen Produktionseinschränkung und Arbeitslosigkeit, die nach Aufhebung der Restriktion wieder durch einen Aufschwung beseitigt werden. Dieser wird meist durch Zinsverbilligung, Preissenkungen und Exportüberschüsse in Gang gesetzt und führt schließlich wieder zu einer neuen Übernachfrage und Inflation. Dies ist in grobem Umriß die normale Darstellung des Konjunkturzyklus.[3] Sie erklärt jedoch nicht, weshalb die Konjunkturzyklen auf ein ständig tieferes Niveau absinken können bis hin zur großen Krise mit Massenarbeitslosigkeit.

Keynes erklärte die rezessive Tendenz mit einer unzureichenden Nachfrage, weil Teile des Einkommens nicht für den Konsum ausgegeben, sondern als Spekulationsgeld zurückgehalten, gespart werden. „Der Nachfrageausfall an Konsumgütern wird dann nicht voll durch eine Zunahme der Investitionsgüternachfrage kompensiert: die zusätzliche Haltung von Spekulationsgeld bedeutet ja gerade, daß in Höhe dieser Beträge keine Kredite gewährt werden. Insoweit wird also weder der Zinssatz gesenkt, noch gelangen zusätzliche Finanzierungsmittel in die

---

[3] Alfred Stobbe: Gesamtwirtschaftliche Theorie, Berlin 1975, S. 121/122

Hände der Investoren."[4] Und weil Preise und Löhne nicht, oder nicht genügend beweglich sind, treten Produktionseinschränkungen und Arbeitslosigkeit ein, die sich von Stufe zu Stufe verstärken können. „Die Keynes'sche Analyse zeigte somit in den dreißiger Jahren eine Reihe von Möglichkeiten, die Existenz anhaltender Arbeitslosigkeit zu erklären."[5]

Keynes nennt den Kern der „Allgemeinen Theorie" die Untersuchung der Faktoren der wirksamen Nachfrage, die sich aus dem Verhältnis der gesamten Nachfrage und des gesamten Angebotes ergeben. Er nimmt auch Bezug auf die Überspartheorie von Hobson und weist auf die Unterkonsumtions- bzw. Überinvestitionstheorien von Malthus, Marx und Gesell, die ebenfalls, wenn auch in anderer Deutung die langfristige Tendenz zur Arbeitslosigkeit in der Wirtschaft annahmen. Keynes schildert anschaulich, wie weit der Prozeß der Unterbeschäftigung führen kann:

„Der Hang zum Verbrauch und die Rate der Neuinvestition bestimmen unter sich die Menge der Beschäftigung, und die Menge der Beschäftigung steht in einer einzigartigen Beziehung zu einem gegebenen Niveau der Reallöhne — und nicht umgekehrt. Wenn der Hang zum Verbrauch und die Rate der Neuinvestition zu einer unzureichend wirksamen Nachfrage führen, wird das tatsächliche Niveau der Beschäftigung hinter dem Arbeitsangebot, das zum bestehenden Reallohn potentiell verfügbar sein mag, zurückbleiben, und der Gleichgewichtsreallohn wird *größer* als der Grenznachteil des Gleichgewichtsniveaus der Beschäftigung sein.

Diese Analyse gibt uns eine Erklärung für das Paradox der Armut mitten im Überfluß. Denn das bloße Vorhandensein einer Unzulänglichkeit der wirksamen Nachfrage kann und wird oft

---

[4] Alfred Stobbe: Gesamtwirtschaftliche Theorie, Berlin 1975, S. 107.
[5] ebd., S. 110.

die Zunahme der Beschäftigung zum Stillstand bringen, *bevor* ein Niveau der Vollbeschäftigung erreicht worden ist. Die Unzulänglichkeit der wirksamen Nachfrage wird den Vorgang der Erzeugung hemmen, obschon das Grenzerzeugnis der Arbeit immer noch den Wert des Grenznachteils der Beschäftigung übersteigt.

Ferner, je reicher das Gemeinwesen, um so größer die Neigung, daß sich die Kluft zwischen der wirklichen und potentiellen Erzeugung erweitert und daher um so augenscheinlicher und empörender die Mängel unserer wirtschaftlichen Ordnung. Denn ein armes Gemeinwesen wird geneigt sein, weitaus den größten Teil seiner Produktion zu verbrauchen, so daß ein sehr bescheidenes Maß von Investition genügen wird, um einen Zustand der Vollbeschäftigung zu schaffen, während ein reiches Gemeinwesen viel weitere Investitionsgelegenheiten entdecken muß, wenn der Hang zum Sparen der reicheren Mitglieder mit der Beschäftigung der ärmeren vereinbart werden soll. Wenn in einem potentiell reichen Gemeinwesen die Veranlassung zur Investition schwach ist, wird es das Gesetz der wirksamen Nachfrage, *trotz seines potentiellen Reichtums, zwingen, seine tatsächliche Produktion zu verringern, bis es, trotz seines potentiellen Reichtums, so arm geworden ist, daß sein Überschuß über seinen Verbrauch genügend verringert worden ist, um der schwachen Veranlassung zur Investition zu entsprechen.*

Aber noch schlimmer. Nicht nur ist der Grenzhang zum Verbrauch in einem reichen Gemeinwesen schwächer, sondern es bieten auch, wegen der bereits größeren Kapitalansammlung, die Gelegenheiten für weitere Investition weniger Reiz, es sei denn, daß der Zinsfuß genügend rasch fällt."[6]

---

[6] J.M. Keynes: Allgemeine Theorie der Beschäftigung, des Zinses und des Geldes, Berlin 1952, Seite 26.

Schon vor 150 Jahren hatte Malthus die Frage nach der Krisenanfälligkeit des Wirtschaftsprozesses aufgeworfen. Ein Malthus-Zitat von Keynes bringt vielleicht den Grundgedanken des Problems am deutlichsten zum Ausdruck: „Adam Smith hat behauptet, daß Kapitalien durch Sparsamkeit vermehrt werden, daß jeder genügsame Mensch ein öffentlicher Wohltäter ist und daß die Zunahme des Reichtums sich auf den Überschuß der Produktion über den Verbrauch stützt. Daß diese Behauptungen in einem großen Maße richtig sind, kann nicht in Frage gestellt werden... Aber es ist ganz offensichtlich, daß sie nicht in einem unendlichen Maße richtig sind, und daß die Grundsätze der Ersparnis, bis zum Übermaß getrieben, den Beweggrund der Erzeugung zerstören würden. Wenn jeder Mensch mit der einfachsten Nahrung, der geringsten Kleidung und den armseligsten Häusern zufrieden wäre, ist es gewiß, daß es dann keine andere Art von Nahrung, von Kleidern und Behausung geben würde... Die zwei Extreme sind offensichtlich, und es folgt, daß es irgendeinen Zwischenpunkt geben muß, obschon die Quellen politischer Wissenschaftslehre nicht in der Lage sein mögen, ihn festzustellen, an dem, in Anbetracht sowohl der Kraft zu erzeugen als des Willens zu verbrauchen, der Antrieb zur Vermehrung des Reichtums am größten ist."[7]

Über den Streit zwischen der nachfrageorientierten und der angebotsorientierten Theorie, der damals begann und zwischen Malthus und Ricardo geführt wurde, bemerkt Keynes:

„Die Anschauung, daß wir die Funktion der gesamten Nachfrage ohne weiteres übersehen können, bildet die Basis der Wirtschaftslehre von Ricardo, die dem, was man uns über ein Jahrhundert lang gelehrt hat, zugrunde liegt. Malthus hat zwar Ricardos Doktrin, daß die wirksame Nachfrage unmöglich unzureichend sein könne, heftig bekämpft, aber umsonst. Weil

---

[7] J.M. Keynes: Allgemeine Theorie, Berlin 1952, Seite 307.

nämlich Malthaus nicht deutlich erklären konnte (von einer Berufung auf allgemeine Erfahrungstatsachen abgesehen), wie und warum die wirksame Nachfrage unzureichend oder übermäßig sein könne, mißlang ihm die Bereitstellung eines alternativen Aufbaus, und Ricardo hat England so vollständig erobert wie die Heilige Inquisition Spanien. Nicht nur wurde seine Theorie von der City, von Staatsmännern und von der akademischen Welt angenommen, sondern der wissenschaftliche Streit nahm ein Ende; der andere Standpunkt verschwand vollkommen; man hörte auf, ihn zu erörtern. Das große Rätsel der wirksamen Nachfrage, mit dem Malthaus gerungen hatte, verschwand aus der wirtschaftlichen Literatur. Man wird sie in den gesamten Werken von Marshall, Edgeworth und Prof. Pigou, die der klassischen Theorie ihre reifste Verkörperung gaben, auch nicht ein einziges Mal nur erwähnt finden. Sie konnte nur verstohlen unter der Oberfläche weiterleben, in den Unterwelten von Karl Marx, Silvio Gesell oder Major Douglas.

Der völlige Sieg Ricardos erscheint merkwürdig und rätselhaft."[8]

Der Kampf um die Lösung des Rätsels der wirksamen Nachfolge wurde von Keynes weitergeführt. Seine These, daß die Nachfrage vor allem durch die Erhöhung der Kassenhaltung von seiten der Wirtschaftsteilnehmer entscheidend beeinträchtigt werde, führte schließlich zu dem wirtschaftspolitischen Instrument des „deficit spending", der Staatsverschuldung, wodurch Nachfrageschwächen ausgeglichen werden sollten. Damit konnte der Einbruch einer Krise immer wieder vermieden, oder hinausgeschoben werden. Dies bestätigte die These Keynes', daß Rezessionen in erster Linie in einer Nachfrageschwäche begründet sind. Aber auch neuere Untersuchungen bestätigen, daß die Nachfrage eine wesentlich größere Bedeutung für die Vornahme von Investitionen hat, als der Gewinn.

[8] J.M. Keynes: Allgemeine Theorie, Berlin 1952, S. 27/28.

„Empirische Untersuchungen, die im Anschluß an die grundlegenden Arbeiten von Meyer und Kuhn bzw. Eisner und Strotz vorgenommen wurden, weisen gleichfalls immer deutlicher auf die dominierende Rolle der Nachfrageentwicklung bei der Begründung von Investitionen hin. In einem internationalen Vergleich sieht Brems die enge Bindung der Investitionen an die Nachfrageexpansion für solche Länder bestätigt, die ein schnelles und stetiges Wachstum aufwiesen. Die steigende Nachfrage erzwingt dort gleichsam die Anpassung der Kapazitäten, während gewinnorientierte Investitionen aufgeschoben werden können, also eine gelockerte zeitliche Bindung an die Ursache aufweisen. Auch die neueren empirischen Arbeiten von Dhrymes und Kurz bestätigen die These der Nachfragebindung, solange den Investitionen von der Liquidität keine Grenze gesetzt wird.

Obgleich die Rolle der Gewinne übereinstimmend als bedeutend bezeichnet wird, sieht man in ihnen doch nur einen Faktor, der die nachfrageinduzierten Investitionen von der Liquiditätsseite her begrenzt und bei zyklischen Schwankungen den Zeitpunkt der Kapazitätsanpassung bestimmt. Die Nachfrage ist also als Leitlinie, die Gewinnrate als limitierende Nebenbedingung der Investitionsfunktion zu sehen."[9]

Eine ganz andere Stellung zu dem Problem der Unternachfrage nimmt der Monetarismus ein. Friedman als dessen maßgebender Vertreter legte dar, daß die Ursache der kontraktiven Entwicklung nicht, wie Keynes vermutete, in der Kassenhaltung liegen könne.

„Nun macht Friedman eine wichtige *Annahme* — und das ist der entscheidende intellektuelle Kniff, der der Quantitätstheorie zu neuem Ansehen verhalf —, indem er postuliert, daß Zins-

---

[9] Ulrich Teichmann: Grundriß der Konjunkturpolitik, 2. Auflage München 1978, Seite 28/29.

erträge aus Geldanlagen in Finanzaktiva oder in Beteiligungspapieren letztendlich doch keine Rolle für die Nachfrage der Privaten nach Geld spielten. Den entscheidenden Bestimmungsgrund für die Höhe der Geldnachfrage sieht Friedman im Preisniveau. Das bedeutet, die Privaten richten ihre Kassenhaltung so ein, daß sie immer ein gleich großes Güterbündel damit erwerben können. Steigen die Güterpreise um x Prozent, so fragen die Privaten auch x Prozent mehr Nominalkasse nach, um damit die Realkasse (die „preisbereinigte" Nominalkasse) konstant zu halten. Friedman postuliert also, daß die Privaten „Realkasse" zu halten wünschen (mathematisch gesprochen: Er trifft die Annahme, daß die Geldnachfragefunktion linear-homogen in bezug auf das Preisniveau sei).

Der Prozeß der Transmission von Änderungen der Geldmenge erscheint nunmehr recht einleuchtend, er verläuft ziemlich analog zu dem vorhin bei Keynes beschriebenen. Angenommen, im Ausgangszustand herrsche ein Gleichgewicht, das heißt, das Geldangebot stimme mit der von den Privaten gewünschten oder nachgefragten Kasse überein. Die Zentralbank erhöhe nun die Geldmenge. Die Privaten verfügen jetzt wieder über mehr Geld, als sie bei der herrschenden Konstellation der die Geldnachfrage bestimmenden Variablen zu halten wünschen. Folglich müssen sich eine oder mehrere dieser Variablen anpassen. Bei exogen fixiertem Geldangebot setzt jetzt wieder der Prozeß des Geldverschiebens, der „heiße-Kartoffel"-Effekt ein. Friedman geht aber annahmegemäß davon aus, daß das „zuviel" vorhandene Geld nicht oder allenfalls vorübergehend eine Anlage im Bereich des Finanzvermögens findet, sondern letztendlich zum Kauf von Gütern und Dienstleistungen verwendet wird. Die Versuche der Privaten, das zuviel vorhandene Geld gegen Güter auszutauschen, treiben das Güterpreisniveau nach oben. Dieser Prozeß kommt erst dann zu Ende, wenn die Versuche der Privaten, das zuviel vorhandene Geld gegen Güter umzutauschen, zu solchen Preissteigerungen geführt haben, daß der ursprüngliche Realwert der Kassenhaltung wieder hergestellt ist, wenn also die Preissteigerungen die höhere Nominalkasse so weit abgewertet haben, daß die alte Höhe der Realkasse wieder erreicht ist. Dann ist die höhere Geldmenge wieder zur gewünschten oder nachgefragten geworden.

Es ist offensichtlich, daß sich Friedman der gleichen Analysemethode bedient wie Keynes. Der Unterschied besteht aber darin, daß Geldangebot und Geldnachfrage bei Keynes über Anpassungen des Volkseinkommens und des Zinssatzes ins Gleichgewicht gebracht werden, während bei Friedman Anpassungen des Preisniveaus das Gleichgewicht herstellen. Damit verwirft Friedman die Keynes'sche Analyse der Spekulationskasse und kehrt zurück zur älteren Quantitätstheorie, indem er annimmt, daß Geld letztendlich doch nur zu Transaktionszwecken, also zum Kauf von Gütern und Dienstleistungen, gehalten wird. Insofern wird der analytische Wert einer expliziten Einbeziehung von Zinssätzen in die Geldnachfragefunktion zum Teil wieder aufgehoben."[10]

Ist mit der Widerlegung der Kassenhaltung als Grund der Unternachfrage auch etwas über diese selbst ausgesagt? Für die klassische Theorie gibt es das Problem der Unternachfrage gar nicht, in der Darstellung von Alfred Stobbe löst es sich wie folgt auf:

„Schließlich ist die Frage zu klären, was im klassischen Modell geschieht, wenn die Sparneigung steigt, also unabhängig von den erklärenden Variablen der Ersparnis bei jeder ihrer möglichen Konstellationen mehr gespart wird. Das bedeutet zunächst Ausfall an Konsumgüternachfrage. Die zusätzlich ersparten Beträge werden jedoch sofort ertragbringend angelegt, weil keine Veranlassung besteht, über den Bedarf für Transaktionszwecke

---

[10] Ketterer/Kloten in Obst/Hintner: Geld-, Bank- und Börsenwesen, 37. Auflage, Stuttgart 1980, Seite 84/85.

hinaus Geld zu halten. Geldhaltung zwecks Wertaufbewahrung wird nicht berücksichtigt, da es Verzicht auf Zinseinkommen bedeutet und Erwartungen über die zukünftige Zinsentwicklung in der Analyse nicht beachtet werden. Für die Anlage gibt es zwei Möglichkeiten: Entweder ist der Sparer ein Unternehmer, der die ersparten Beträge im eigenen Unternehmen durch Kauf von Produktionsmitteln direkt investiert, oder der Sparer kauft auf dem Kreditmarkt ertragbringende Titel, wodurch der Zins sinkt und damit an anderer Stelle Investitionen induziert. Vermehrtes Sparen bedeutet also keinen Nachfrageausfall insgesamt, sondern nur eine Verlagerung der Nachfrage von Konsum- auf Investitionsgüter. Es gilt die Hypothese, daß der Zins für den Ausgleich zwischen Angebot an und Nachfrage nach Krediten sorgt: Je niedriger der Zinssatz, um so höher ist danach die geplante Nachfrage nach Krediten zur Finanzierung von Investitionen. Andererseits ist die geplante Ersparnis und damit das Kreditangebot und die Nachfrage nach ertragbringenden Forderungen um so höher, je höher der Zinssatz ist.. .

Die Hypothese, daß das gesamte durch die Güterproduktion geschaffene Einkommen voll zu Güternachfrage wird, und zwar auch dann, wenn ein Teil davon gespart wird, ist als Saysches Gesetz bekannt. Es besagt in einer bekannten Fassung: „Jede Produktion schafft sich selbst ihren Absatz" und führt zu der Folgerung, daß es keine allgemeine Überproduktion, das heißt kein bei den herrschenden Preisen auf allen Märkten zu großes Güterangebot geben kann. Wer Güter anbietet, fragt mit dem Erlös entweder selbst ohne nennenswerte Verzögerung Güter nach, oder er bietet die infolge Sparens nicht direkt zur Güternachfrage verwendeten Beträge auf dem Kreditmarkt an und ermöglicht es dadurch seinen Kreditnehmern, Güternachfrage auszuüben. Jedem Güterangebot entspricht also praktisch gleichzeitig eine gleich große Nachfrage. Es kann zwar partielle Überproduktion geben, wenn etwa die Nachfrage nach einem bestimmten Gut zurückgeht. Es bilden sich dann unfreiwillige

Lagerbestände, der Preis fällt, die Unternehmer schränken die Produktion ein und einige Anbieter scheiden aus, bis das Angebot soweit verringert ist, daß es bei dem gesunkenen Preis wieder voll von den Nachfragern aufgenommen wird. Da die Gesamtnachfrage jedoch gleich dem Gesamtangebot ist, geht der partielle Nachfragerückgang auf einem Markt mit Nachfragezuwächsen auf anderen Märkten einher. Dort steigen die Preise und es wird mehr produziert. Die Nachfrageverschiebung führt also zu einer Änderung der Preisstruktur, die das Problem der partiellen Überproduktion aus der Welt schafft. Entsprechende Vorgänge lösen auch das Problem einer plötzlich auftretenden Mehrnachfrage nach einem Gut. Da auch eine hinreichende Mobilität der Produktionsfaktoren unterstellt wird, zieht die Änderung der Preisstruktur eine Umverteilung der Produktionsfaktoren nach sich. Nebenbei wird hieran deutlich, welch wichtige Aufgabe dem Preissystem im klassischen Modell zugeschrieben wurde. Wichtige Voraussetzung hierfür war, daß alle Preise in beiden Richtungen voll flexibel waren"[11], und dies ohne Rücksicht auf die Kosten. Zu dieser Voraussetzung kommen bekanntlich noch andere, wie z.B. frei nach unten und oben bewegliche Löhne, vollkommene Konkurrenz und der berühmte „homo oeconomicus", die alle zu weit von jeder Realität entfernt sind um daraus Anhaltspunkte für die Steuerung der Konjunktur zu gewinnen.

Das Hauptanliegen Friedmans ist jedoch die These, daß für die Konjunkturentwicklung der Umfang der Geldmenge entscheidend ist und daß die Notenbank die Macht hat, sie so zu steuern, daß sowohl Inflationen als auch Depressionskrisen verhindert werden könnten. Am Beispiel der großen Wirtschaftskrise versuchte er nachzuweisen, daß nur das Unvermögen der Beamten der Notenbank, die sich nicht entschließen konnten, mit Hilfe großer Staatskredite die Geldmenge sofort zu erhöhen,

---

[11] Alfred Stobbe: Gesamtwirtschaftliche Theorie, Berlin 1975, S. 92–94.

den Ausbruch der Krise verschuldet habe. „Ich habe die Große Depression hervorgehoben, da diesen sich zuspitzenden Ereignissen eindeutig eine Schlüsselrolle für die Überzeugung Simons — und ebenfalls Keynes — zukam, daß nämlich die orthodoxen Kräfte der Währungsbehörden zu schwach seien, um mit den aus den privaten Finanzmärkten erwachsenden Störungen fertig zu werden. Wie ich betont habe, zeigten die privaten Finanzmärkte in der Tat eine außerordentliche Elastizität und Stabilität — die aber doch nicht groß genug waren, um mit den aus Aktivität — und Inaktivität — der Währungsbehörden entstehenden Störungen fertig zu werden."[12]

Interessanterweise kommt Friedman mit dem Rezept großer Staaatskredite zur Bekämpfung der Krise auf einem anderen Wege zum gleichen Schluß wie Keynes, allerdings sollte wohl nach seiner Vorstellung ein solches Mittel nur auf den äußersten Notfall beschränkt bleiben.

Abgesehen von der Krisenbekämpfung werden Geldmengenänderungen der Notenbank, die über Vermögensumschichtungen die Konjunktur beeinflussen sollen, nicht als geeignetes Steuerungsmittel angesehen, weil die Wirkungen sich von 5 bis zu 24 Monaten verzögern können. Deshalb wird eine Verstetigung der Geldpolitik für richtig gehalten.[13]

---

[12] Milton Friedman: Die optimale Geldmenge. 2. Auflage, München 1976, S. 131
[13] Alfred Stobbe: Gesamtwirtschaftliche Theorie, Berlin 1975, S. 266.

II. Die faktischen Bewegungen des Geldes in der Wirtschaft

Nach dem Blick auf die kontroversen Hauptgedanken der Konjunkturtheorie und -politik seien nun der wirkliche Verlauf der Geldbewegungen neu betrachtet, um direkt an ihnen zu weiteren Erkenntnissen über die Grundlagen des Wirtschaftsprozesses zu kommen.

Entstehen und Vergehen des Geldes

Zunächst werden einige fundamentale Vorgänge einer im Gleichgewicht befindlichen konjunkturellen Lage der Wirtschaft betrachtet. Um die Produktion zu finanzieren, benötigen die Unternehmen Bankkredit, da ihnen meist nur knapp die investierten Anlagen und Gebäude gehören. Für die Beschaffung des Materials für die Produktion, für die Zahlung von Löhnen und Kosten werden Kredite benötigt. Nun wird in einem Kreditvertrag zwischen dem Unternehmen und der Bank festgelegt, bis zu welcher Höhe sich das Unternehmen bei der Bank verschulden darf. Dann macht das Unternehmen Zahlungen für Rohstoffe, Löhne usw. im Rahmen der Kreditvereinbarung. Der Kredit von der Bank ist ein bloßes Schuldverhältnis.

Wie Geld entsteht, kann am besten da beobachtet werden, wo das Unternehmen seinen Mitarbeitern für die erbrachten Güter und Leistungen das vereinbarte Einkommen bargeldlos überweist. Hierbei wird sichtbar, daß erstens das Geld durch das Unternehmen entsteht, indem es seinen Kredit bei der Bank in Geld umwandelt und zweitens, daß das Geld eine Quittung für Leistungen bzw. Güter darstellt, mit welcher der Empfänger seinerseits wieder die Güter kaufen kann, deren er bedarf. Für den Kauf von Rohstoffen und Zwischenprodukten muß das Unternehmen ebenfalls Geld bezahlen, dafür hat es die Güter im Besitz. Auch hier ist Geld eine Quittung oder ein Gegenwert von Gütern oder Leistungen. Eine Ausnahme bildet der Konsumentenkredit. Hier bringt der Kreditnehmer Geld in den Verkehr, wofür keine Leistung erbracht wurde, sondern wo nur das Versprechen gegeben wird, die Schuld der Bank gegenüber durch zukünftige Einkommen (als Gegenwert für Leistungen) zu tilgen. Dasselbe gilt für die Staatsverschuldung, die später durch Steuererhebungen getilgt werden soll. Als Normalfall gilt jedoch der ausgeglichene Haushalt.

Zunächst ist also festzuhalten, daß das Geld als Gegenwert für erbrachte Leistungen oder für Güter entsteht. Wird von den Einkommensbeziehern das Geld für den Kauf von Gütern wieder ausgegeben, so verschwindet es, seine Mission als Tauschmittel ist erfüllt. Die Unterscheidung zwischen Verbrauchs- und Investitionsgütern ist zunächst nicht erforderlich. Volkswirtschaftlich gesehen entsteht täglich ein Strom von Gütern, die vierteljährlich im Sozialprodukt erfaßt werden, und gleichzeitig entsteht der Einkommensgeldstrom, der als Nachfragegeldstrom die Güter wieder aufnimmt. Dabei verschwindet das Geld und die Güter scheiden aus dem Wirtschaftsprozeß aus, auch wenn sie noch nicht verbraucht sind.

Bei den Banknoten scheint das anders zu sein, weil sie nach wie vor existieren. Der Handel, der sie empfängt und wieder zur Bank trägt, tilgt damit seine Schulden, aber in der Bank sind die Noten ohne Wert. In der Gesamtbilanz der Bundesbank ist der Bargeldumlauf ohne die Kassenbestände der Banken aufgeführt. Werden die Noten wieder ausgegeben, so als Gegenwert für neue wirtschaftliche Leistungen. Deshalb handelt es sich, exakt betrachtet, um neues Geld innerhalb des Einkommensgeldstroms. Die Vorstellung einer statischen, umlaufenden Geldmenge läßt sich damit nicht verbinden. Dies ist vielmehr die Betrachtungsweise des Bankensystems, welches das Problem einer ausreichenden, aber zugleich knapp zu haltenden Geldmenge zu lösen hat. Das Einkommen dagegen ist ein ständig neu sich bildender Geldstrom, der mit dem Güterstrom entsteht und beim endgültigen Kauf wieder vergeht. Zwar sind dann die Güter noch nicht verbraucht, aber sie sind aus dem Strom der Wirtschaft ausgeschieden. Rohstoffe und Halbfertigwaren bleiben im Strom der Wirtschaft. Für ihre Weiterleitung von Produzent zu Weiterverarbeitern, zum Handel und bis in die letzte Verkaufsstelle muß immer wieder der Geldbetrag aufgebracht und gutgeschrieben werden — d.h. er entsteht und vergeht — welcher der bisherigen Wertschöpfung entspricht.

Geldbewegungen im Unternehmen

Wie sieht der Vorgang von seiten des Unternehmers, genauer: der Unternehmensleitung aus? Sie muß die vorgesehene Produktion organisieren und mit Hilfe von Bankkrediten vorfinanzieren, muß Rohstoffe, Zwischenprodukte, Maschinen einkaufen und muß dann Zahlungen an die Mitarbeiter leisten und Steuern, Sozialversicherung usw. abführen. Die entstandenen Produkte müssen verkauft werden und aus der Differenz der Ausgaben und Einnahmen einschließlich einer teilweisen Tilgung von Bankschulden entsteht der Gewinn oder Ertrag, aus dem wiederum Steuern, Verzinsung des Kapitals u.a. bestritten werden müssen. Schließlich entsteht der Restgewinn als das Einkommen des Unternehmers bzw. des Unternehmens, der nach dem Jahresabschluß ermittelt wird. Diese Einkommen sind Teil des gesamten Einkommensgeldstroms. Sie finden meist für den Kauf von Investitionsgütern Verwendung. Bis aber dieses Unternehmenseinkommen entsteht, müssen umfangreiche Vorfinanzierungen vorgenommen werden. Können diese durch die Einnahmen nicht abgedeckt werden, entstehen Verluste, die das Unternehmen in Gefahr bringen können. Im Ablauf der Unternehmensvorgänge bestätigt sich wieder die Beobachtung, daß jeder Geldausgabe die entsprechenden Güter oder Leistungen gegenüberstehen. Wenn auch große Vorfinanzierungen notwendig sind, werden sie schließlich doch ausgeglichen. Der Restgewinn ist Teil des Einkommensgeldstroms der Volkswirtschaft.

Somit ergibt sich, daß das Unternehmen der eigentliche Ort der Geldentstehung ist. Auch der Erbauer eines Hauses ist in diesem Sinne Unternehmer, er zahlt Geld für Bauleistungen und verschuldet sich der Bank gegenüber. Da der Betriebsmittelkredit vom Unternehmer nach einem Durchgang normalerweise nicht voll getilgt wird, sondern die Einnahmen aus Verkäufen wieder für die Bezahlung der weitergehenden Produktion bzw. der Einkommen verwendet werden, so können aus demselben Bankkredit im Unternehmen mehrmals neue Einkommen für produktive Leistungen und damit neue Geldschöpfungen entstehen.

Der Strom des Gesamteinkommens entsteht also im Zusammenhang mit der Produktion der Güter und Leistungen und verschwindet wieder, wenn er das Sozialprodukt wieder kauft. Diese Vorgänge werden von der volkswirtschaftlichen Gesamtrechnung erfaßt. Der Wirtschaftsprozeß ist dann im Gleichgewicht, wenn die produzierten Konsumgüter und Investitionsgüter vom Geldstrom wieder aufgenommen werden. Es ist nicht der Fall, wenn die Nachfrage zu schwach ist und Güter unverkauft übrig bleiben (Unternachfrage), oder wenn andererseits der Nachfragegeldstrom größer ist als die vorhandene Gütermenge (Übernachfrage).

Das Bankensystem und das Geld

Eine ganz andere Art der Betrachtung der Geldvorgänge geht vom Bankensystem aus. Die Notenbank versorgt die Geschäftsbanken mit „Zentralbankgeld", aber sie hat auch die Aufgabe, durch geldpolitische Maßnahmen zur Erhaltung oder Gewinnung des Konjunkturgleichgewichtes beizutragen. „Zentrale Aufgabe der Notenbanken ist es, die Geldversorgung der Wirtschaft zu steuern. Dabei ist die Steuerung der Geldversorgung kein Selbstzweck, sondern sie soll dazu beitragen, wichtige gesamtwirtschaftliche Ziele wie Geldwertstabilität, hohen Beschäftigungsstand, Wachstum auf angemessenem Niveau und außenwirtschaftliches Gleichgewicht zu verwirklichen. Die Notenbanken haben freilich Prioritäten zu beachten. Das Hauptproblem der monetären Politik war und ist es, den Wert des Geldes stabil zu halten. Dieser hängt — allgemein gesprochen — mit dessen Knappheit im Verhältnis zum Güterangebot zusammen, also mit der relativen Knappheit des Geldes. Aufgabe der Notenbanken ist es demnach, das Geld „knapp" zu halten."[14] Deshalb liegt der geldpolitische Ansatz der Notenbank in einer Steuerung der Geldmenge. Mit Hilfe eines komplizierten Steuerungssystems ist es der Notenbank möglich, die Kreditvergabe des Bankensystems und damit die Geldmenge zu beschränken. Nicht in gleicher Weise kann sie jedoch die Geldmenge erhöhen. Sie kann die Liquidität der Bankinstitute erhöhen und den Zins senken, soweit es die anderen Faktoren erlauben. Aber letztlich ist das Bankensystem auf die Kreditnahme seitens kreditwürdiger Unternehmen angewiesen. Gerade daran fehlt es bekanntlich in der Krise. Dies ist ein weiterer Hinweis auf das Entstehen des Geldes oder der Geldmenge durch die Wirtschaft. Das Bankensystem kann nur die Kreditmöglichkeiten bereitstellen, trotzdem ist dies die entscheidende Voraussetzung für die Geldentstehung. Außerdem tragen die Banken oft erhebliche Risiken für Kredite, die in einer länger anhaltenden krisenhaften Entwicklung gefährdet sind.

Als für die Konjunktur maßgebliche Geldmenge wird in der statistischen Gesamtbilanz des Bankensystems das „Geldvolumen M 1" (Bargeldumlauf und Sichteinlagen) angesehen. Aber es wird auch „M 2", das die Termingelder mit einer Befristung bis unter vier Jahre, oder „M 3", das die Spareinlagen mit ge-

---

[14] Ketterer/Kloten in Obst/Hintner: Geld- Bank- und Börsenwesen. 37. Auflage, Stuttgart 1980, Seite 3.

setzlicher Kündigungsfrist einbezieht, verwendet. Weitere erhebliche Gelder im Bankensystem sind die längerfristigen Spargelder und Wertpapiere (Geldkapital), die dort aufbewahrt werden. Sie sind so weit aus dem Wirtschaftsprozeß ausgeschieden, daß sie für die Konjunkturanalyse nicht benötigt werden. Inwiefern sie bei Störungen der Konjunktur von Bedeutung sind, wird später behandelt.

* * *

Bei dieser Betrachtung der fundamentalen Geldbewegungen im Konjunkturgleichgewicht ist einerseits deutlich geworden, daß die Geldmenge keinen klaren Bezug zur Güterbewegung hat, und daß die Notenbank den Grad der Unter- oder Übernachfrage nur aus Konjunkturindikatoren erschließen kann. Sie hat nur eine direkte Einwirkung auf die Beschränkung der Geldmenge, nicht dagegen auf ihre Ausweitung. Andererseits ist der Ausgangspunkt des Sozialprodukts und des Gesamteinkommens als Geldstrom, der die Güter wieder kauft, real feststellbar, auch wenn Unschärfen nicht zu vermeiden sind. Nach dem Kauf der Güter ist das Geld verschwunden und die Güter sind aus dem Wirtschaftsprozeß ausgeschieden. Weil diese Prozesse des Entstehens und Vergehens täglich und kontinuierlich vor sich gehen, sind sie nicht ohne weiteres sichtbar, aber in der vierteljährlichen volkswirtschaftlichen Gesamtrechnung kommen sie zur Erscheinung. Deshalb ist es zweckmäßig, nicht über die Geldmenge, sondern über den Einkommensgeldstrom die Stärke der wirkamen Nachfrage zu erfassen und Steuerungsmöglichkeiten zu erkunden.

Vor der Weiterführung der Untersuchungen über die Störungen des Konjunkturgleichgewichts, ist es notwendig, etwas über die dabei angewandte Methode der Forschung zu sagen.

III. Exkurs zur Forschungsmethode

Die unvoreingenommene Betrachtung der Bewegungen des Geldes im Zusammenhang mit der Gütererzeugung und -bewegung führte zu dem Prinzip der Vorgänge, welche die volkswirtschaftliche Gesamtrechnung in differenzierter Aufgliederung erfaßt. Sie ist gleichsam eine Buchhaltung der Volkswirtschaft, wenngleich mit Unschärfen, weil die Erhebung noch Mängel aufweist[15]. Die verschiedenen Konjunkturtheorien bedienen sich dieser Zahlen, um die jeweiligen Situationen und ihre Zusammenhänge aus ihrer jeweiligen Sicht darzustellen.

Ganz anders verfährt die hier angewandte Methode, die in der „Theorie der assoziativen Wirtschaft" entwickelt und begründet worden ist. Sie sieht in der volkswirtschaftlichen Gesamtrechnung die volkswirtschaftliche Dimension des vollen Gütertausches, der durch das Geld in zwei Phasen aufgeteilt worden ist, und sie sieht in dem vollen Gütertausch den Urprozeß allen Wirtschaftens, weshalb sie ihn in den Mittelpunkt der Theorie stellt.[16]

Das Gleichgewicht des Konjunkturprozesses wird nun nicht in einem Modell mit wirklichkeitsfremden Annahmen konstruiert, sondern das Gleichgewicht ergibt sich als eine der veranlagten „Urfunktionen" des Wirtschaftsprozesses. Diese Bezeichnung wurde gewählt, weil das Gleichgewicht nicht analog eines naturwissenschaftlichen Gesetzes deterministisch wirksam ist, sondern weil von den Wirtschaftsteilnehmern und -Institutionen abhängt, ob es entsteht.

Inwiefern kann aber eine solche Urfunktion Bestandteil einer Theorie sein, die ein wissenschaftliches Gebilde ist „in dem die Tatsachen in ihrer Unterordnung unter die allgemeinen Gesetze

---

[15] Alfred Stobbe: Volkswirtschaftslehre I, 5. Auflage, Berlin 1980, Seite 278–279.
[16] Theodor Beltle, Theorie der assoziativen Wirtschaft, Berlin 1979.

erkannt und ihre Verbindung aus diesen erklärt werden."[17]? Das allgemeine Gesetz ist hier der volle Gütertausch, Güter – Geld - Güter, bzw. auf der volkswirtschaftlichen Ebene der störungsfreie Wirtschaftsprozeß, in welchem der mit dem Güterstrom entstehende Einkommensgeldstrom als Nachfragegeldstrom die produzierten Güter wieder kauft. Geschieht dies, ohne daß bei voller Beschäftigung Unternachfrage, Übernachfrage oder Inflation entstehen, so ist die Urfunktion des Gleichgewichts dem „allgemeinen Gesetz" des störungsfreien Wirtschaftsprozesses als Teilfunktion untergeordnet. Des weiteren zeigt sich die Gesetzmäßigkeit des Gleichgewichts darin, daß die Wirtschaftsteilnehmer und -Institutionen um die veranlagte Entstehung des Gleichgewichts zu realisieren, entsprechend handeln *müssen,* weil es sonst nicht entstehen wird.

Diese Methode der Forschung beruht auf dem erkenntnistheoretischen Werk Rudolf Steiners[18, 19, 20] und der von ihm geforderten Methode für den organischen Bereich über den Urprozeß (Urbild, Urform), die erstmals von Goethe an seiner Erforschung des Pflanzenreichs angewandt wurde. Der Wirtschaftsprozeß ist dem organischen Bereich verwandt durch den ständigen Aufbau und die Erhaltung komplizierter, eine Einheit ausmachender Gebilde im Zusammenwirken verschiedener Faktoren. Das sind im Falle der Wirtschaft die Wirtschaftsteilnehmer und deren Organisationen. Insofern ist die Theorie auch eine personale bzw. geisteswissenschaftliche und sie kann nur eine solche sein, weil es Menschen sind und nicht Automaten, welche die Wirtschaft betreiben und die das geistige Vermögen haben, Zusammenhänge zu erkennen und ihr Handeln danach einzurichten.

---

[17] Jakob Fries: Philosophisches Wörterbuch, 17. Auflage, Stuttgart 1965.
[18] Rudolf Steiner: Wahrheit und Wissenschaft, 5. Auflage, Dornach 1980.
[19] Rudolf Steiner: Grundlinien einer Erkenntnistheorie der Goetheschen Weltanschauung, 7. Auflage, Dornach 1979.
[20] Rudolf Steiner: Die Philosophie der Freiheit, 14. Auflage, Dornach 1978.

Wenn das Gleichgewicht als Urfunktion erkannt ist, müssen die Störungen und ihre Ursachen aufgesucht werden. Die weitere Untersuchung über die Steuerungsmöglichkeiten ist ebenfalls wissenschaftlicher Art (wie die Erarbeitung einer Therapie in der Medizin), erst die Anwendung gehört dann zur Wirtschaftspolitik oder besser zur Wirtschaftssteuerung. Die Unterscheidung von Wissenschaft und Politik liegt deshalb nicht zwischen Sein und Sollen, sondern zwischen Erkennen und Handeln.

Zwei weitere Urfunktionen der ,,Theorie der assoziativen Wirtschaft" müssen noch angedeutet werden, weil sie zum späteren Verständnis erforderlich sind. Die eine ist der Vertrag, denn der volkswirtschaftliche Prozeß verläuft auf Grund einer Unzahl von Verträgen, die immer neu geschlossen und abgewickelt werden. Sie kommen zustande durch Einigungen von Vertragspartnern über verantwortlich unterbreitete Angebote und führen bei wiederkehrender Vertragstreue zu vertrauensvoller Zusammenarbeit. Die Analyse bzw. Gliederung des Vertragswesens ergibt die im Wirtschaftsprozeß veranlagten soziologischen Ur-Elemente der Wirtschaft, die in der ,,Theorie der assoziativen Wirtschaft" begründet sind. Hier ist nicht der Ort, dies weiter auszuführen, nur soviel ist zu erwähnen, daß das Vertragswesen zu Unrecht nur in der Rechtsliteratur behandelt wird, denn es ist die vielgesuchte soziologische Komponente der Wirtschaft darin enthalten. Im betriebswirtschaftlichen Bereich, wo ständig Einigungen erforderlich sind, ist sie, wenn auch nicht immer vollständig, vorhanden, dagegen im volkswirtschaftlichen und weltwirtschaftlichen Bereich außerordentlich wenig, weil die von der Wissenschaft postulierte Marktautomatik harter Interessen vorherrscht. Aber in dem Wirtschaftsprozeß zwischen Hersteller — Handel — Verbraucher, der ganz auf ein vielgestaltiges Vertragswesen gegründet ist, gibt es noch viele Beispiele langjährigen, vertrauensvollen Zusammenwirkens. Mißverständnisse, die im Wirtschaften nur dem Egoismus und den gnadenlosen Kampf ums Dasein sehen wollen, wurden nur hereingetragen, weil trotz der oft gerühmten ,,sozialen Marktwirtschaft" viel zu wenig getan wurde, um die weit fortgeschrittene Zerstörung der Märkte zu verhindern. So werden immer mehr die eigentlich veranlagten soziologischen Handlungsweisen der Wirtschaftsteilnehmer durch Machtwirkungen gestört.

Die Machtstrukturprozesse, bzw. die Märkte sind die weitere Urfunktion der „Theorie der assoziativen Wirtschaft", die ebenfalls in einem ständigen Veränderungsprozeß begriffen sind. Ihre Funktionsfähigkeit wird durch den Konzentrationsprozeß und das Auftreten von Marktmacht behindert. Deshalb sind weitergehende Maßnahmen zur Erhaltung oder zur Wiederherstellung der Funktionsfähigkeit der Märkte, als heute vorhanden sind, notwendig. Dabei sind für qualitativ nicht unterschiedene (homogene) Massengüter und Rohstoffe preisstützende Maßnahmen erforderlich, damit marktzerstörende Preiskämpfe verhindert werden. Ansätze dafür sind in Rohstoffabkommen und Agrarmarktordnungen vorhanden. Die Urfunktion der Märkte wird hier nicht weiter behandelt. Die wenigen Ausführungen machen jedoch deutlich, daß nur in der Realisierung der genannten Urfunktionen der störungsfreie Wirtschaftsprozeß als das allgemeine Gesetz der Wirtschaft erfüllt werden kann.

So enthält die „Theorie der assoziativen Wirtschaft" neben der Gleichgewichtsfunktion auch die strukturelle und soziologische Komponente des Wirtschaftsprozesses, die bisher nicht in einer Theorie begründet werden konnten, obwohl dies für eine Theorie, die den gesamten Wirtschaftsprozeß erfassen will, unerläßlich ist. Nach diesem Exkurs über die Methode der Forschung folgt nun die Untersuchung über die Störungen des Konjunkturgleichgewichts.

IV. Die Störungen des Konjunkturgleichgewichts

Zwei grundlegende Arten von Störungen des Konjunkturgleichgewichts werden unterschieden: die Störungen des Nachfragegleichgewichts (damit auch der Beschäftigung) und die Störungen der Preisstabilität, die sich aber auch gegenseitig beeinflussen können. Um den Mittelpunkt des Konjunkturgleichgewichts aufgereiht, ergeben sich acht verschiedene Konjunkturlagen.[21]

Die reinen Störungen:
 Übernachfrage (bei Preisstabilität)
 Unternachfrage (bei Preisstabilität)
 Inflation (bei gleichgewichtiger Nachfrage)
 Deflation (bei gleichgewichtiger Nachfrage)

Die kombinierten Störungen:
 Inflation bei Übernachfrage
 Deflation bei Übernachfrage
 Unternachfrage bei Inflation
 Unternachfrage bei Deflation

Oder graphisch entwickelt:

[21] Theodor Beltle: Die Funktion der Wirtschaft in Theorie und Praxis, Berlin 1962, Seite 59.

Darunter befinden sich auch die Unternachfrage bei Inflation (Stagflation), sie ist „seit Ende der 60er Jahre ein Novum in der wirtschaftlichen Entwicklung von Industriestaaten."[22]

Hier sollen vor allem die Grundursachen des Entstehens der Unternachfrage und Krise untersucht werden. Zuerst erscheint es aber zweckmäßig, einen Blick auf Entstehung und Behandlung der Inflation zu werfen.

1. Inflation

Fast alle Preise der Güter in den Industrieländern werden aufgrund der Kosten kalkuliert und bestimmt. Der Gewinn beträgt bei der Industrie ca 1,5 − 2 % vom Umsatz[23]. Es besteht daher keine große Flexibilität der Preise bei Nachfrageänderungen, was durch die geringen Preisschwankungen der Industriegüter ebenfalls ablesbar ist. Das heißt aber, daß die Kosten maßgebend sind für die Inflation. Nur für ganz wenige, meist importierte Rohstoffe werden die Preise im freien Spiel von Angebot und Nachfrage gebildet, wobei dann die Preise um ein mehrfaches steigen und fallen können. Daß die Preise im wesentlichen durch die Kosten bestimmt sind, wird weithin nicht beachtet, es wird an dem alten Satze − der während des Aufbaues der klassischen Wissenschaft auch richtig war − festgehalten, daß Angebot und Nachfrage die Preise bestimmen. Wenn nun die Preise im wesentlichen aus den Kosten bestehen, woraus bestehen dann die Kosten? Sie bestehen nach der volkswirtschaftlichen Gesamtrechnung aus dem Gesamteinkommen. Andere Einkommen als die von den Unternehmen bezahlten Löhne, Sozial-

---

[22] Müller-Röck: Konjunktur- und Stabilisierungspolitik, 2.Auflage, Stuttgart 1976, Seite 79.
[23] Studiengesellschaft für Information und Fortbildung: Staat, Gesellschaft, Wirtschaft, Stuttgart 1980, Seite 34.

versicherung, Steuern und die übrig bleibenden Gewinne gibt es nicht. Die Kosten von Material und externen Dienstleistungen in der Kalkulation bestehen auch wieder nur aus Einkommen. (Für die Außenwirtschaft wird zunächst eine ausgeglichene Zahlungsbilanz angenommen.) Auch die administrierten Preise im Agrar- oder Montanbereich werden weitgehend aufgrund einer erwünschten Einkommenshöhe festgelegt. Wenn die Preise weitgehend durch die Einkommen bestimmt werden, so muß eine stärkere Erhöhung der Einkommen gegenüber der Erhöhung des Sozialproduktes zur Preissteigerung, zur Inflation führen.

Aufgliederung des volkswirtschaftlichen Gesamteinkommens 1982[24]

	Mrd DM	%	
Nettolöhne und Gehälter	509	31,8)	
Sozialbeiträge der Arbeitnehmer	102	6,4)	48,8 %
Sozialbeiträge der Arbeitgeber	169	10,6)	
Lohnsteuer	122	7,6)	
Direkte Steuern der Unternehmen und der privaten Haushalte, Sozialversicherung der Selbständigen,		)	22,1 %
Saldo der Übertragungen usw.	59	3,7)	
Indirekte Steuern abzüglich Subventionen	173	10,8)	
Reinvestitionen in Höhe der Abschreibungen	200	12,5)	
nicht entnommene Gewinne	–	–)	
Entnommene Gewinne und Vermögenseinkommen	266	16,6)	29,1 %
Bruttosozialprodukt	1600	100,0	

[24] Deutsches Institut für Wirtschaftsforschung, Vierteljahresheft 4/82

Geschätzte Aufteilung der entnommenen
Gewinne und Vermögenseinkommen:[25]

Entnommene Gewinne der selbständigen
Gewerbetreibenden in Industrie, Landwirtschaft,
Handwerk, Handel usw. ca. 10,6 %

Vermögenseinkommen: Zinsen, Dividenden,
Mieteinnahmen usw. ca. 6,0 %

Nach der Einkommensaufgliederung haben die Löhne und Gehälter den größten Anteil am Gesamteinkommen. Ihre Veränderung bedarf daher der größten Sorgfalt.

Die Sozialversicherung hat im allgemeinen keine sprunghafte Erhöhung zu verzeichnen.

Die Steuern können erheblich erhöht werden. Eine solche vom Parlament beschlossene Erhöhung müßte aber in der Lohnfindung berücksichtigt werden, wenn sie nicht inflatorisch wirken soll. Dasselbe gilt von einseitigen Importerhöhungen, die ebenfalls in die Kostenrechnung eingehen.

Bei der Festsetzung der Preise, die durch die Unternehmen erfolgt, spielt schließlich die Höhe des einkalkulierten Gewinns eine Rolle. Auch die Gewinne können an der Steigerung des Gesamteinkommens über das Sozialprodukt beteiligt sein. Der größte Teil der Gewinne im Gesamteinkommen ist sogenannter Unternehmerlohn der kleinen selbständigen Bauern-, Handwerks- und Handelsbetriebe. Die Reinvestitionen in Höhe der Abschreibungen sind Einkommen, aus welchen Investitionsgüter gekauft worden sind, um die verbrauchten oder abgenützten Anlagen zu ersetzen. Da die Gewinne erheblich schwanken und als Restposten zwischen Ausgaben und Einnahmen erst nach Erstellung der Bilanz ermittelt werden können, sind Prognosen äußerst schwierig. Ihre Kalkulation ist ungewiß und ris-

---

[25] Deutsches Institut für Wirtschaftsforschung, Wochenbericht 17/76.

kant, aber die nachträgliche ca 70%ige Besteuerung der größeren Gewinne reduziert den Gesamt-Nettogewinn im Gesamteinkommen entscheidend. Der Gewinn ist eigentlich nur zu erfassen, nachdem er entstanden ist.

In der Empirie ist wohl der Satz unbestritten, daß die Erhöhung des Gesamteinkommens die Erhöhung des Sozialprodukts nicht überschreiten darf, wenn Inflation vermieden werden soll. In einer Phase der Übernachfrage und des Arbeitskräftemangels kommt es natürlich leicht zu einer übersteigerten Lohnerhöhung. Wenn im Stadium der Unternachfrage eine zu hohe Erhöhung der Löhne stattfindet, entsteht die sogenannte Stagflation. Als Ursache von Inflation gelten auch Haushaltsdefizite der öffentlichen Hand, weil sie die Geldmenge einseitig vermehren. Für Friedman[26] liegt hier Hauptursache der Inflation, die nach seiner Beobachtung erst Monate oder Jahre später eintritt. Da eine Staatsverschuldung nicht in die kalkulierte Preisbildung eingeht, wirkt sie nicht direkt inflatorisch, sondern erhöht zunächst nur den Nachfragegeldstrom. Im Stadium einer Übernachfrage würde dies einen zusätzlichen Druck auf die Lohnerhöhung ausüben. Im Falle der Unternachfrage ergäbe sich jedoch nur eine Milderung derselben und keine inflatorische Wirkung.

Gegenüber den üblichen Darstellungen der Inflationsursachen, die meist weiter aufgefächert sind, wurde hier das stärkere Gewicht der Einkommensbestimmung hervorgehoben. Selbstverständlich sind auch Gründe wie: einseitige Erhöhung von Importpreisen eine bekannte Ursache, wenngleich auch diese bei der Einkommensbestimmung berücksichtigt werden müßte.

---

[26] Milton und Rose Friedman: Chancen die ich meine, Berlin 1980, Seite 270–283

Konjunktursteuerung durch Konjunktur-Assoziation

Wenn als Hauptursache der Inflation die Einkommenserhöhungen festgestellt sind, so ist es naheliegend, daß die Einkommensbezieher sich über diese Erhöhungen verständigen. Dies erfolgt zweckmäßigerweise in einer losen Assoziation derjenigen volkswirtschaftlichen Gruppen oder Organe, welche die Konjunkturentwicklung beeinflussen können, also neben den Tarifpartnern auch die Bundesbank und der öffentliche Haushalt. Eine solche, als „Sozialkontrakt" oder „konzertierte Aktion" bezeichnete Einrichtung stößt noch immer auf den nicht ausgemerzten Satz vom Lohn als dem Marktpreis, der unterstellt, daß die Lohnabschlüsse bei guter Konjunktur extrem hoch und bei schlechter Konjunktur extrem niedrig ausfallen. Ein solches prozyklisches Verhalten, das dem „klassischen" Muster entspricht, müßte aber jeweils zu enormen Inflationen und Depressionen führen. Wenn dies nicht der Fall ist, so deshalb, weil die Gewerkschaften jenem alten theoretischen Satze überwiegend nicht folgen. Wird der Lohn als Marktpreis aufgefaßt, würde er also zu gewaltigen Konjunkturstörungen führen. Wird aber der Lohn, wie überhaupt das gesamte Einkommen als Ertrag der Wirtschaft betrachtet, so muß dasselbe dem Sozialprodukt entsprechen, und es kann sich nur darum handeln, wie das Einkommen aufzuteilen ist. Die Bestimmung der Preise und dadurch der Gewinne und der möglichen Investitionen ist mit großen Unsicherheiten behaftet, weshalb von verschiedenen Seiten vorgeschlagen wird, die Gewinne aufzuteilen. Wie immer das Verhältnis von Löhnen und Gewinnen, auch bei Gewinnbeteiligungen, beschaffen sein mag, wenn die Steigerung des Gesamteinkommens der Steigerung des Sozialprodukts entspricht (bei unveränderten Importpreisen), sind die Preise bzw. das Preisniveau stabil.

Der Notenbank allein die Aufgabe zu stellen, für ein stabiles Preisniveau zu sorgen, ist eine Überforderung, denn ihre Geldmengenziele sind nur ein Signal, das freiwillig befolgt werden soll. Wird es nicht befolgt, sind die Lohnsteigerungen zu groß, so erhöht sich auch der Geldstrom über die gesetzten Ziele hinaus. Der neuere Monetarismus will, wie es scheint, auf zu hohe Lohnabschlüsse jeweils mit einer Politik der Kreditbeschränkung über einen hohen Zins antworten, um den Lohnauftrieb zu stoppen. Da Friedman die Lohnerhöhungen nicht als die Ursache, sondern als die Folge der Inflation ansieht, die durch eine vorhandene Übernachfrage hervorgerufen wird[27], sieht sich der Monetarismus in die Lage versetzt, inmitten einer kräftigen Unternachfrage und Arbeitslosigkeit die Übernachfrage auf partiellen Feldern als die Ursache der Inflation zu bezeichnen und eine Hochzinspolitik zu fordern, welche die Wirtschaft immer tiefer in die Rezession treibt. Dieses alte Rezept, durch ein Abwürgen der Wirtschaftstätigkeit Arbeitslosigkeit zu erzeugen, ist nicht nur langsam wirkend, sondern auch aufwendig und gefährlich. Es ist das alte, unsoziale Mittel. Die soziale Lösung dagegen, die freilich von den Tarifpartnern akzeptiert bzw. gewollt sein muß, wäre die Bildung einer Konjunkturassoziation aus den volkswirtschaftlich relevanten Organen der Unternehmer, Gewerkschaften, der Notenbank und der öffentlichen Haushalte, welche die Veränderung der Einkommen auf die Veränderung des Sozialprodukts abstimmt. Dabei wäre vielleicht die Notenbank — wegen ihrer notwendigen Neutralität gegenüber den anderen volkswirtschaftlichen Organen — besser geeignet als die Regierung, zu Gesprächen über die Konjunktur einzuladen. Noch einfacher könnten alle die genannten Organe gemeinsam den Beschluß fassen, im Turnus wieder zu laufenden Beratungen über die Konjunktur zusammenzukommen.

---

[27] Milton und Rose Friedman: Chancen die ich meine, Berlin 1980, Seite 264 und 279.

Soziales Zusammenwirken und Information

An dieser Stelle wird ein wesentliches Element der neuen Theorie sichtbar. In einer freiheitlichen Gesellschaftsordnung hat ein oberster Befehlshaber — sei es die Regierung oder die Bundesbank — keinen Platz mehr, sondern es kommt auf die Verständigung, auf die Einigung aus Verständnis an. Auch demokratische Kampfabstimmungen sind hier nicht das brauchbare Prinzip, sondern das gemeinsame Finden einer bestmöglichen Lösung aus dem Verständnis der Zusammenhänge. Dies ist der eigentliche soziologische Vorgang, der im betriebswirtschaftlichen Bereich vielfach praktiziert wird. In der Volkswirtschaft ist es bisher weniger der Fall, weil die Wissenschaft in der Vergangenheit nur den Marktmechanismus in Betracht zog. Soziale Gemeinschaften können aber nur durch soziales Zusammenwirken entstehen, und dies ist nur möglich, wenn die Beteiligten die Zusammenhänge erkennen. Das gilt auch für die Volkswirtschaft. Das Inflationsproblem zeigt die Notwendigkeit eines solchen Zusammenwirkens in der Bestimmung des Einkommensgeldstroms gegenüber dem Sozialprodukt. Lohnpolitik ist heute kein marktmäßiges Feilschen mehr, sondern fordert die weitestgehende Kenntnis und Berücksichtigung aller konjunkturrelevanten Sachverhalte. Das Phänomen der Stagflation, der inflatorischen Unternachfrage zeigt deutlich, daß mit der Erhöhung der Einkommen für eine Verstärkung der Nachfrage noch nichts getan ist, es müssen dann zwangsläufig die Preise steigen, die eine Erhöhung der Nachfrage weitgehend hinfällig machen. Die Zunahme des gesamten Einkommens muß sich nach der Zunahme oder Abnahme des Sozialprodukts richten. So ist auch die Forderung nach Inflationsausgleich eine Illusion, weil sie die Ursache für eine gleich große Inflation im nächsten Jahr bildet.

Ein ganz großes Hindernis für eine inflationsfreie Bestimmung der Einkommen ist die völlig ungenügende Information der Menschen. Nach einer Befragung des Institutes für angewandte Sozialwissenschaft, Bonn, im Jahre 1972 waren 61 % der Bevölkerung der Meinung, daß in der letzten Zeit die Preise immer mehr gestiegen seien als die Löhne, 23 % nahmen eine gleich hohe Steigerung an und nur 15 % waren sich klar, daß die Löhne immer mehr gestiegen waren als die Preise. (Nachdem seit einiger Zeit die Erhöhung des Preisniveaus in der Tagespresse monatlich veröffentlicht wird, mag die Kenntnis dieses Sachverhalts vielleicht etwas besser sein.)

Da nun die Lohnforderungen von den so falsch informierten Menschen von der sogenannten „Basis" wesentlich mitbestimmt werden, ist es kein Wunder, wenn sie zu hoch ausfallen. Ähnlich falsche Vorstellungen bestehen über die Höhe der Gewinne und die Höhe ihrer Besteuerung. Aus diesem Grunde wäre es sehr zu wünschen, wenn die Beratungen, in der alle Gesichtspunkte von den verschiedenen Seiten dargestellt werden, in Protokollen der Allgemeinheit zur Verfügung gestellt werden würden. Nur auf diese Weise erscheint es denkbar, die wirren Vorstellungen auf diesem Gebiet zu einer größeren Klarheit zu bringen. Werden die Gewerkschaften für eine solche Zusammenarbeit zu gewinnen sein? Ein großes Hindernis liegt in der Zwangssituation, handgreifliche „Erfolge" (die genauer gesehen vielleicht gar keine sind) den Mitgliedern vorweisen zu müssen. Die Schweizer haben diese ungute Zwangssituation beseitigt, indem auch Nichtmitglieder für die Aufgaben der Gewerkschaften einen, wenn auch niedrigeren, Beitrag leisten müssen. Im Grunde ist es ein kolossaler Widersinn, zu hohe Lohnforderungen mit einer Politik der Arbeitslosigkeit zu beantworten. Es sollte alles eingesetzt werden, um die Menschen über diese Zusammenhänge eingehend zu informieren.

2. Unternachfrage — Konjunkturtheorie der Nachfrageveränderung
Weshalb ist der Nachfragegeldstrom zu schwach?

Die gegenüber der Inflation gefährlichere Störung des Konjunkturgleichgewichts ist die Unternachfrage, weil sie zu Massenarbeitslosigkeit und sozialen Verheerungen führen kann. Bei gleichgewichtiger Nachfrage nimmt der aus dem Einkommensgeldstrom entstandene Nachfragegeldstrom das gesamte Sozialprodukt auf. Nimmt er es nicht mehr ganz auf, entsteht Unternachfrage, d.h. Auftragsmangel, der dann zu Produktionskürzungen und Arbeitslosigkeit führt. Nun gibt es immer leichte Schwankungen der Konjunktur, hier soll aber die Krise mit größerer Arbeitslosigkeit betrachtet werden.

Weshalb ist der Nachfragegeldstrom nicht groß genug, um den Güterstrom aufzunehmen? Der nächstliegende Grund ist die zu starke Verminderung des Nachfragegeldstroms durch ein zu hohes Sparen. Hier sind nur Spargelder gemeint, also alle Arten von Spareinlagen, Sparkapital, Sparbriefen und festverzinslichen Wertpapieren. Von diesen Spargeldern kann zunächst nur gesagt werden, daß sie den Nachfragegeldstrom vermindern. Die Anlage in Aktien, Investmentpapieren oder Immobilien ist dagegen direkte oder indirekte Investition, das Einkommen wird in diesem Fall für Investitionsgüter ausgegeben. Die Bestimmung des Einkommens, — das als Korrelat zur Erstellung des Sozialprodukts entstanden ist, — die produzierten Güter auch wieder aufzunehmen, wird erfüllt. Bei den vom Einkommen abgezweigten Spargeldern kann aber nicht entdeckt werden, daß sie zur Aufnahme des Güterstroms etwas beitragen. Hierzu wird aber aus der Sicht der klassischen Theorie gesagt: „Die Hypothese, daß das gesamte durch die Güterproduktion geschaffene Einkommen voll zu Güternachfrage wird, und zwar auch dann, wenn ein Teil davon gespart wird, ist als Saysches Gesetz bekannt. Es besagt in einer bekannten Fassung: „Jede Produktion schafft sich selbst ihren Absatz" und führt zu der Folgerung, daß es keine allgemeine Überproduktion, das heißt kein bei den herrschenden Preisen auf allen Märkten zu großes Güterangebot geben kann. Wer Güter anbietet, fragt mit dem Erlös entweder selbst ohne nennenswerte Verzögerung Güter nach, oder er bietet die infolge Sparens nicht direkt zur Güternachfrage verwendeten Beträge auf dem Kreditmarkt an und ermöglicht es dadurch seinen Kreditnehmern, Güternachfrage auszuüben. Jedem Güterangebot entspricht also praktisch gleichzeitig eine gleich große Nachfrage."[28]

Auch bei Keynes' Formel „Ersparnis = Investition" wird der Gedanke nahegelegt, daß Spargelder ebenso wie Gewinne (die dabei auch als Ersparnisse gelten) die produzierten Investitionsgüter aufnehmen bzw. finanzieren. Und in der volkswirtschaftlichen Gesamtrechnung wird die Finanzierung der Investitionen so dargestellt, daß sie neben den Eigenmitteln (wozu Reinvestitionen in Höhe der Abschreibungen und Vermögensübertragungen gehören) aus Fremdmitteln finanziert werden, wozu in wesentlichem Umfang die privaten Haushalte beitragen. Auch hieraus ergibt sich, daß die Spargelder der privaten Haushalte als Finanzierungsmittel für die Investitionen betrachtet werden. In der allgemeinen Diskussion werden sogar oftmals die Sparer als die eigentlichen Urheber der Investitionen bezeichnet.

Der Denkfehler der klassischen Ökonomie

Wenn jedoch Spargelder auf die Bank gelegt werden und die Sparer denken gar nicht daran, Investitionen zu finanzieren, ist es dann berechtigt, zu sagen, daß eben diese Sparer die Verursacher der Investitionen sind, welche die Bank durch Kredite finanziert? Die Spareinlagen sind auf den Konten gebucht und bleiben unangetastet. Sie sind auch keine Sicherheiten für die

---

[28] Alfred Stobbe: Gesamtwirtschaftliche Theorie, Berlin 1975, S. 93.

Kredite, welche die Bank vergibt. Jeder einzelne Kredit muß für sich selbst gesichert und verantwortet werden. Es handelt sich immer um eine echte Kreditschöpfung, die Bankbilanz wird erweitert. Die beiden Vorgänge des Geldsparens und der Kreditgewährung haben genau genommen nichts miteinander zu tun. Der einzige Zusammenhang liegt in der Technik der Geldversorgung des Bankensystems, welche das anzustrebende Kreditvolumen vom Sparaufkommen, von den Sichteinlagen und dem Bargeldumlauf abhängig macht, um die Kontrolle über die knapp zu haltende Geldversorgung zu haben. Wenn aber ab sofort nur noch die Hälfte an Spargeldern anfallen würde, weil plötzlich mehr gekauft und investiert wird, so würde es jedenfalls dem Bankensystem keinerlei Schwierigkeiten bereiten, die von der Wirtschaft benötigten Kredite zur Verfügung zu stellen. Es besteht also keine Veranlassung, in den Spargeldern etwas anderes zu sehen als stillgelegte Gelder, die den Nachfragegeldstrom vermindern. Sie fehlen deshalb für die Aufnahme der produzierten Güter.

Weil die „Ersparnis" im Sinne von Keynes gleich groß ist wie die gesamte Investition, lag es nahe, in abstrakter Weise so zu rechnen, als ob auch die Spar*gelder* die Investitionen finanzieren, oder genauer gesagt, kaufen würden. Dadurch aber wird der, infolge der Spargelder entstehende Effekt der Nachfrageverminderung verdeckt. Der schon bei Adam Smith vorliegende und seither dem Sinne nach weitertradierte Satz lautet: „Kapital wird durch Sparsamkeit erhöht und durch Verschwendung und Mißwirtschaft vermindert. Was jemand von seinem Einkommen spart, fügt er seinem Kapital hinzu, wenn er entweder selbst damit neue Arbeitskräfte beschäftigt, oder einem anderen einen solchen Einsatz ermöglicht, indem er es ihm ... leiht."[29] Und in der Tat scheint das seine Richtigkeit zu haben, denn das gesparte und dem anderen (über die Bank) geliehene Geld kauft

---

[29] Adam Smith: Der Wohlstand der Nationen, München 1974, S. 278.

ja dann ebenso die Investitionsgüter und bezahlt Arbeitende. Ob es nun durch den einen oder den anderen geschieht scheint kein Unterschied zu sein.

Bei dieser Anschauung wird aber übersehen, daß derjenige, der den Kredit aufnimmt, um als Unternehmer neue produktive Leistungen hervorzubringen, diesen Kredit, zumal in einer Rezession mit unausgenützten Kreditmöglichkeiten, auch erhalten würde, wenn der andere nicht gespart und stattdessen sein Geld für den Kauf von Gütern ausgegeben hätte. Deshalb ist das Spargeld des Sparers gar keine Verursachung für Investitionen, sondern es fällt vollständig als Nachfragegeldstrom aus. Hier ist der verhängnisvolle Denkfehler aufgedeckt, der die Ursache für eine Schwächung der Nachfrage und damit für eine immer stärkere Unternachfrage der Wirtschaft ist.

Spargelder vermindern einseitig den Nachfragegeldstrom

Die vom Bankensystem an die Unternehmen gegebenen Kredite sind auch keine Kompensation der Spargelder, wie die Gesamtbilanz vermuten lassen könnte, denn mit den in Anspruch genommenen Krediten entstehen zugleich neue Güter. Der Geldstrom wird um neues Einkommen vermehrt, aber ebenso der Güterstrom, das Sozialprodukt um die neue Wertschöpfung. Deshalb können die Kredite die Wirkung der Spargelder nicht ausgleichen, weil dort nur der Geldstrom vermindert wird, nicht dagegen der Güterstrom. Die Kreditfinanzierung der Produktion bewirkt somit keine einseitige Erhöhung der Nachfrage. Anders ist es bei Investitionskrediten, diese bewirken zunächst eine einseitige Erhöhung des Geldstroms. Da jedoch diese Kredite in kürzerer oder längerer Zeit getilgt werden, vermindert sich der Geldstrom wieder. Um diese Einflüsse genau zu erfassen, müßte der jährliche Saldo zwischen neuen Investitionskrediten und Tilgungen bekannt sein. Diese gleichen sich auf die Dauer aus, und können daher den Nachfrageausfall der

Spargelder grundsätzlich nicht kompensieren. Die Spargelder bewirken also einen vollen Nachfrageausfall, sie sind eine einseitige Stillegung von Geld, die nur durch eine ebenso einseitige Geldvermehrung ohne Gütervermehrung kompensiert werden kann. Stärkere Lohnerhöhungen, wie das in den Überspartheorien vorgeschlagen wurde, sind keine Lösung, weil sie sofort die Güterpreise erhöhen und damit die Erhöhung der Nachfrage neutralisieren. Es bleibt also nichts anderes übrig, um die einseitige Verminderung des Nachfragegeldstroms zu kompensieren, als ihn einseitig zu vermehren, und das geschieht durch die Staatsverschuldung und den Konsumentenkredit.

Durch Keynes von dem Makel der Unsolidität befreit, ist es möglich geworden, daß die Staatsfinanzen in großem Stile „konsumtive" Verschuldungen eingehen können, um beginnende Rezessionen und Arbeitslosigkeit durch Stärkung der Nachfrage zu bekämpfen. Natürlich sollten, wenn die Konjunktur sich erholt hatte, diese Schulden wieder getilgt werden. Auf diese Weise im stetigen Wechsel die Konjunkturausschläge zu dämpfen ist das Anliegen des Fiskalismus. Dieses Prinzip ist nach dem Kriege von allen Industrieländern mit Erfolg angewandt worden, für die Zukunft ist es in Frage gestellt, weil in den letzten Jahren ein richtiger Aufschwung damit nicht mehr erreicht werden konnte und die Schulden und Zinslasten zu groß geworden sind.

Keynes hatte recht mit seiner Vermutung, daß das Gesetz von Say nicht zutreffend ist und daß der Wirtschaftsprozeß mit einer langfristigen Tendenz zur Unterbeschäftigung behaftet ist: „Das Gesetz von Say, daß der gesamte Nachfragepreis der Produktion als Ganzes gleich ist dem gesamten Angebotspreis aller Produktionsmengen, ist somit das Äquivalent der Behauptung, daß einer Vollbeschäftigung kein Hindernis im Wege steht. Wenn das aber nicht das wahre Gesetz über die Beziehung zwischen den Funktionen der gesamten Nachfrage und des gesamten Angebots ist, gibt es ein Kapitel der Wirtschaftstheorie von wesentlichster Bedeutung, das noch geschrieben werden muß, und ohne das alle Erörterungen über die gesamte Menge der Beschäftigung leere Worte sind."[30] In einem System freier Preise würde der Nachfrageausfall der Spargelder bewirken, daß der gesamte Nachfragepreis der Produktion ständig unter den gesamten Angebotspreis absinken müßte. Infolgedessen könnten die Kosten der Produktion durch die Einnahmen nicht gedeckt werden, das System wäre auf Dauer nicht funktionsfähig.

Weil Keynes die wirksame Nachfrage in der Geldmenge suchte, in der „Nachfrage nach Geld", kam er zu der Erklärung des Nachfragemangels durch eine zu hohe Haltung von Bargeld und Sichteinlagen, der „Spekulationskasse", was von Friedman entkräftet wurde.

Da jedoch der Monetarismus die Nachfragefunktion gar nicht beachtet, sondern nur die Veränderung einer unterschiedslosen „Geldmenge" betrachtet, entgeht ihm der durch das Sparen bewirkte Nachfrageausfall. So ist die Entstehung des folgenschweren Denkfehlers in erster Linie darin zu sehen, daß die wirksame Nachfrage in der Geldmenge, statt im Einkommen abzüglich des Sparens gesucht wurde.

Im übrigen übersehen beide Richtungen, daß in der Anhäufung von Spargeldern auch der Grund für die zunehmende Verschuldung liegt. Diese ist ein Korrelat zu den Spargeldern, denn jedem Guthaben muß eine Schuld gegenüberstehen, die jedoch nicht unbegrenzt steigen kann. Keynes war der Meinung, daß „eine typischere und oft die vorherrschende Erklärung der Krise primär nicht eine Erhöhung des Zinsfußes, sondern ein plötzlicher Zusammenbruch der Grenzleistungsfähigkeit des Kapitals ist".[31] Diese ergibt sich aus der zunehmenden Verschuldung, daher wird auch von einer „Verschuldungskrise" gesprochen.

---

[30] T.M.Keynes: Allgemeine Theorie der Beschäftigung, des Zinses und des Geldes, Berlin 1952, Seite 23.
[31] ebd., S. 267.

Als Ergebnis der Untersuchung der Ursachen, die zur Unternachfrage führen, hat sich der Denkfehler herausgestellt, die durch das Geld- und Wertpapiersparen hervorgerufene Nachfrageverminderung durch neue Kredite für kompensierbar zu halten. Vielmehr bedeuten alle Spargelder einschließlich festverzinslicher Wertpapiere einen vollen Nachfrageausfall, der durch Staatsverschuldung nur vorübergehend, aber nicht dauernd kompensiert werden kann. Diese Erkenntnis muß nun an Hand der vorliegenden Zahlen den Weg in die Krise erklären.

Der Konjunkturverlauf 1950 – 1982

Der Konjunkturverlauf der Bundesrepublik Deutschland nach dem Kriege bietet für eine diesbezügliche Untersuchung ein besonders günstiges Beispiel, da, abgesehen von kleineren Schwankungen, ganz deutlich die drei Phasen der Übernachfrage, der gleichgewichtigen Nachfrage und der Unternachfrage als grundlegende und langfristige Konjunkturphasen zu erkennen sind.

Die Phase der ersten Jahre, die zuerst noch eine strukturelle Arbeitslosigkeit aufweist, zeigt gleichwohl den Charakter der Übernachfrage, denn die Arbeitslosen wurden schnell eingegliedert. Von 1950 – 1960 erhöhte sich die Zahl der unselbständig Beschäftigten um mehr als 5 Millionen. Die Übernachfrage führte aber nicht zur Inflation in diesen ersten 10 Jahren, weil die Erhöhung der Löhne sich im Rahmen der Sozialprodukterhöhung hielt. Das Preisniveau erhöhte sich nicht mehr als 1–2% pro Jahr. Nun erhöhte sich die Zahl der Beschäftigten bis zum Jahre 1965 nur noch um 800 000, um dann langsam zurückzufallen. Ab 1974 begann der starke Anstieg der Arbeitslosigkeit. Von diesem wichtigen Indikator der Beschäftigung aus gesehen liegt das Ende der Übernachfrage bei 1966, worauf die gleichgewichtige Nachfrage bis etwa 1974 folgt, anschließend führt der Weg in die Unternachfrage.

Konjunkturindikatoren

	Arbeits- losen- quote in % der Beschäftigten	Brutto- sozial- produkt	Preis- index	Brutto- sozial- produkt preis- bereinigt	Wachstumsrate	
					Brutto- sozial- produkt preis- bereinigt	in % des vorjährigen Brutto- sozial- produkts preisbereinigt
		Mrd		Mrd	Mrd	
1950	10,4	98	100	98		
1951	9,1	120	100	120	+22	
1952	8,5	137	102	134	+14	+11,6
1953	7,6	147	100	147	+13	+ 9,7
1954	7,1	157	100	157	+10	+ 6,8
1955	5,1	180	102	176	+19	+12,1
1956	4,0	199	105	190	+14	+ 7,9
1957	3,7	216	107	202	+12	+ 6,3
1958	3,7	232	109	213	+11	+ 5,4
1959	2,6	251	110	228	+15	+ 7,0
1960	1,3	285	112	259	+31	+13,6
1960	1,3	303	112	271		
1961	0,8	326	114	286	+16	+ 5,9
1962	0,7	355	118	301	+15	+ 5,2
1963	0,8	378	122	310	+ 9	+ 3,0
1964	0,8	414	124	334	+24	+ 7,7
1965	0,7	450	128	352	+18	+ 5,4
1966	0,7	491	132	372	+20	+ 5,7
1967	2,1	495	136	364	- 8	- 2,2
1968	1,5	539	138	391	+27	+ 7,4
1969	0,9	605	140	432	+41	+10,5
1970	0,7	679	144	472	+40	+ 9,3
1971	0,9	762	153	498	+26	+ 5,5
1972	1,1	834	161	518	+20	+ 4,0
1973	1,3	928	173	536	+18	+ 3,5
1974	2,6	997	185	539	+ 3	+ 0,6
1975	4,7	1044	195	535	- 4	- 0,7
1976	4,6	1125	203	554	+19	+ 3,6
1977	4,5	1200	212	551	- 3	- 0,5
1978	4,3	1291	218	592	+41	+ 7,4
1979	3,8	1400	226	619	+27	+ 4,6
1980	3,8	1498	238	629	+10	+ 1,6
1981	5,5	1552	252	616	- 13	- 2,1
1982	7,6	1600	265	604	- 12	- 1,9

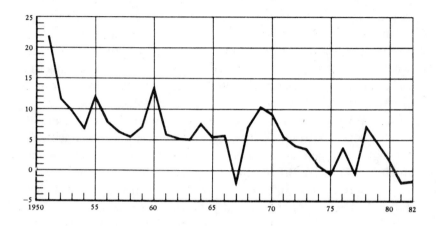

Zuwachsraten des preisbereinigten Bruttosozialprodukts in % des vorjährigen Bruttosozialprodukts
Quelle: Monatsberichte der Deutschen Bundesbank und Jahresgutachten des Sachverständigenrates

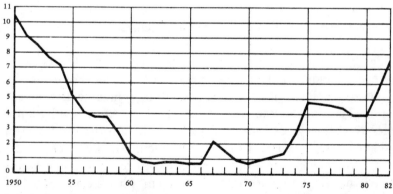

Arbeitslosenquote = Arbeitlose in % der abhängigen Erwerbspersonen (ohne Soldaten) nach dem Mikrozensus
Quelle: Monatsberichte der Deutschen Bundesbank

Ab 1965, sogar schon 1 — 2 Jahre vorher, begann auch eine leichte Stützung der Konjunktur durch Staatsverschuldung. Und diese Stützung wurde ab 1974/75 massiv eingesetzt. Eine weitere Stütze in den Jahren von 1967 — 1978 waren die Zahlungsbilanzüberschüsse. So ist es zu erklären, daß bisher dramatische Einbrüche in die Entwicklung des Sozialprodukts verhindert werden konnten. Trotz dieser Hilfen ist die Entwicklung weiter rückläufig, was, zusammen mit der unaufhaltsamen Rationalisierung und dem Stop der Arbeitszeitverkürzung bei der 40-Stunden-Woche zu steigender Arbeitslosigkeit führt. Die anhaltende Unternachfrage führt auch zu einer ständigen Verschlechterung der Eigenkapitalbasis der Unternehmen, die 1981 nur noch bei 21% der Bilanzsumme lag, gegenüber 24% in den siebziger Jahren und 30% in der zweiten Hälfte der sechziger Jahre[32]. Dieses drastische und gefährliche Anwachsen der Verschuldung könnte als eine zwangsläufige Entwicklung durch das Anwachsen der Spareinlagen gesehen werden, allein es ist der durch die Rezession stark angestiegene Wettbewerbsdruck, der eine angemessene Erhöhung der Preise verhindert und zu einer beträchtlichen Vermehrung der Insolvenzen geführt hat.

Der Nachweis der Tendenz zur Unternachfrage

Hier wird nun versucht, die Ursachen der Konjunkturentwicklung zu finden, indem untersucht wird, welche Faktoren den Nachfragegeldstrom, der aus dem Einkommensgeldstrom entsteht, vermindern und welche ihn erhöhen. Auf jeden Fall muß der Nachfragegeldstrom groß genug sein, um die produzierten Güter und Leistungen kaufen zu können. Dabei werden die den Nachfragegeldstrom vermindernden Faktoren mit einem Minuszeichen, die vermehrenden mit einem Pluszeichen versehen.

---

[32] Geschäftsbericht der Deutschen Bundesbank für das Jahr 1981, S. 42.

Jährliche Rate der Nachfrageveränderung

- = nachfragevermindernd
+ = nachfragevermehrend

	Gesamt-einkommen Bruttosozialprodukt	Spargelder (und Wertpapiere)	Spargelder Zunahme	Außenbeitrag	Staatsverschuldung	Konsumentenkreditzunahme	Nachfrage veränderung	in % des Bruttosozialprodukts
	Mrd	Mrd	Mrd	Mrd	Mrd	Mrd	Mrd	%
1951	120	11						
1952	137	16	- 5	+ 3	+ 2		0	0
1953	147	23	- 7	+ 6	+10	+ 1	+10	+6,8
1954	157	31	- 8	+ 5	+ 5	0	+ 2	+1,3
1955	180	38	- 7	+ 4	+ 2	+ 1	0	0
1956	199	44	- 6	+ 7	+ 1	0	+ 2	+1,0
1957	216	52	- 8	+ 9	+ 2	0	+ 3	+1,4
1958	232	60	- 8	+ 9	+ 3	0	+ 4	+1,7
1959	251	73	- 13	+ 9	+ 3	+ 1	0	0
1960	285	85	- 12	+ 7	+ 3	+ 1	- 1	- 0,4
1961	326	96	- 11	+ 7	+ 4	+ 1	+ 1	+0,2
1962	355	111	- 15	+ 4	+ 3	0	- 8	- 2,3
1963	378	129	- 18	+ 5	+ 7	+ 1	- 5	- 1,3
1964	414	151	- 22	+ 5	+ 7	+ 1	- 9	- 2,2
1965	450	175	- 24	- 1	+10	+ 1	- 14	- 3,1
1966	491	200	- 25	+ 7	+ 9	0	- 9	- 1,8
1967	495	224	- 24	+17	+15	+ 1	+ 9	+1,8
1968	539	262	- 38	+20	+ 9	+ 4	- 5	- 0,9
1969	605	298	- 36	+18	0	+ 5	- 13	- 2,1
1970	679	336	- 38	+14	+10	+ 4	- 10	- 1,5
1971	762	389	- 53	+16	+15	+ 5	- 17	- 2,2
1972	834	459	- 70	+18	+16	+ 8	- 28	- 3,4
1973	928	537	- 78	+29	+12	+ 7	- 30	- 3,2
1974	997	583	- 46	+43	+24	0	+21	+2,1
1975	1044	658	- 75	+29	+64	+ 6	+24	+2,3
1976	1125	737	- 79	+29	+40	+10	0	0
1977	1200	811	- 74	+30	+32	+ 9	- 3	- 0,3
1978	1291	892	- 81	+37	+42	+12	+10	+0,8
1979	1400	992	-100	+13	+43	+14	- 30	- 2,1
1980	1498	1074	- 82	- 3	+55	+ 7	- 23	- 1,5
1981	1552	1183	-109	+12	+77	+ 3	- 17	- 1,1
1982	1600	1256	- 73	+36	+69	+ 5	+37	+2,3

Die Spargelder sind entnommen der konsolidierten Bilanz des Bankensystems in den Monatsberichten der Deutschen Bundesbank, I,2, zusammengesetzt aus: Termingelder inländischer Nichtbanken mit Befristung bis unter 4 Jahren, Unternehmen und Privatpersonen. Spareinlagen inländischer Nichtbanken mit gesetzlicher Kündigungsfrist. Termingelder mit Befristung von 4 Jahren und darüber, Unternehmen und Privatpersonen. Spareinlagen mit vereinbarter Kündigungsfrist. Sparbriefe. Inhaberschuldverschreibungen im Umlauf. Ohne Kapital und Rücklagen der Banken. Spareinlagen der öffentlichen Hand sind nicht aufgenommen.

Die Spalte „Staatsverschuldung" umfaßt die Verschuldung aller öffentlicher Haushalte: Bund, Länder, Gemeinden.

Die jährliche Veränderung des Konsumentenkredits ist entnommen den Monatsberichten der Bundesbank III,19, Kredite ohne Kredite für den Wohnungsbau, Privatpersonen, mittel- und langfristige Kredite.

Die Zahlen sind entnommen den Monatsberichten der Deutschen Bundesbank und den Jahresberichten des Sachverständigenrates.

Die Spargelder und Wertpapiere vermindern den Nachfragegeldstrom; die Verschuldung der öffentlichen Hand und der Konsumentenkredit vermehren ihn, und der Saldo der Zahlungsbilanz beeinflußt ihn je nach seinen positiven oder negativen Vorzeichen. Die Restgröße der Unternachfrage oder Übernachfrage, in Bezug gesetzt zum Bruttosozialprodukt, ergibt die Nachfrageveränderungsquote. Es ist denkbar, daß das Zahlenwerk erweitert, oder differenzierter aufbereitet werden kann. Hier ging es um die möglichst einfache Darstellung der Grundfaktoren und der durch die jährlichen Veränderungen sich ergebenden Tendenz.

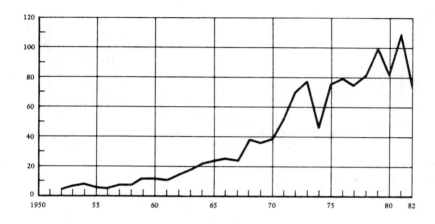

Jährliche Zunahme der Spargelder und der festverzinslichen Wertpapiere in Mrd DM

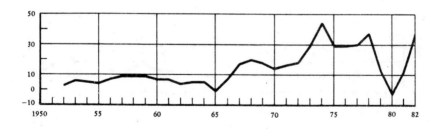

Außenbeitrag = Saldo der Zahlungsbilanz Mrd DM

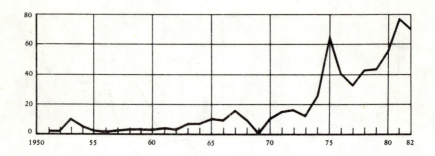

Verschuldung der öffentlichen Haushalte, Bund, Länder, Gemeinden in Mrd DM

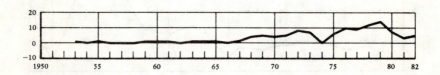

Konsumentenkreditzunahme Mrd DM

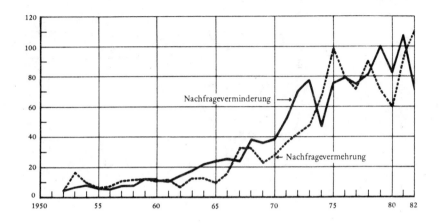

– – – Nachfrageverminderung: Jährliche Zunahme der Spargelder und der festverzinslichen Wertpapiere
..... Nachfragevermehrung: Staatsverschuldung, Konsumentenkreditzunahme, Außenbeitrag

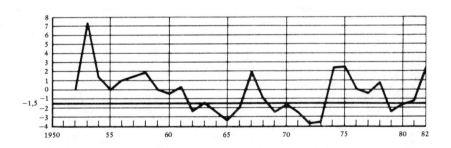

Nachfrageveränderungsquote = Nachfrageveränderung in % zum Bruttosozialprodukt. Ungefähre gleichgewichtslage − 1,5 %

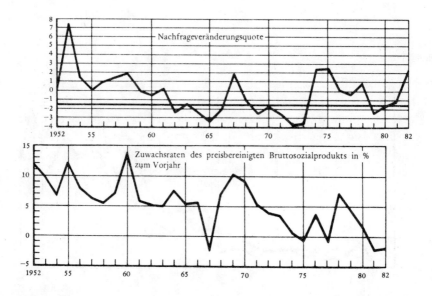

Zuwachsraten des preisbereinigten Bruttosozialprodukts in % zum Vorjahr

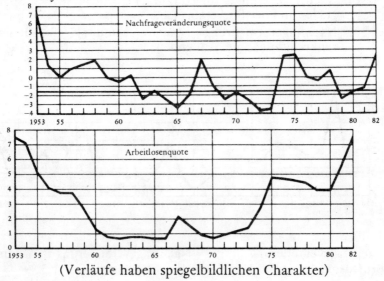

(Verläufe haben spiegelbildlichen Charakter)

Auffallende Tiefpunkte der Nachfrageveränderungsquote liegen in dem Jahr 1965 mit -3,4% und in den Jahren 1972 und 1973 mit -3,8 und -3,6%. Damit korrespondieren bei den Konjunkturindikatoren die Jahre 1967, sowie 1974 und 1975 mit bedeutenden Erhöhungen der Arbeitslosenquote und Einbrüchen in der Produktion. Daraus ist abzulesen, daß die Nachfrageveränderungsquote die Konjunkturentwicklung zwei Jahre früher anzuzeigen scheint. Dies könnte der Zeitraum sein, den die Wirtschaft benötigt, bis die veränderte Nachfrage sich in der Beschäftigung und der Produktion auswirkt. Durch den Einsatz gewaltiger Mittel mit Hilfe der Staatsverschuldung in den Jahren von 1974 bis 1978, aber auch teilweise durch den Anstieg des Außenbeitrags wurde die Nachfrage kräftig erhöht, wobei allerdings ihre relativ schwache Wirkung noch andere hemmenden Einflüsse vermuten läßt. Ihr erneuter Rückgang im Jahr 1979 zeigt sich wieder im Jahr 1981 im weiteren Rückgang des Sozialprodukts und dem Anstieg der Arbeitslosenquote. Der leichten Veränderung der Nachfrageveränderungsquote in dem Jahre 1980 folgte zwar die Produktion im Jahre 1982, dagegen stieg die Arbeitslosenquote wider Erwarten steil an. Dies könnte neben der auf Grund der Lage verstärkten Rationalisierungsbestrebungen auch an Strukturveränderungen liegen, die infolge der Stützung der Nachfrage durch den Staatssektor eingetreten sind. Vielleicht dient auch gar nicht mehr das ganze Staatsdefizit der Erhöhung der Nachfrage, sondern zu einem Teil der Erhöhung der Sparkonten? Wie dem auch sei, der fundamentale Zusammenhang zwischen der Nachfrageveränderungsquote und der Entwicklung der Konjunktur ist nicht zu übersehen. Allerdings ist nicht auszuschließen, daß durch irgendwelche Veränderungen der angedeuteten Art auch die Gleichgewichtslage der Nachfrageveränderungsquote sich einmal ändern könnte. Dann müßte sie mit Hilfe der Konjunkturindikatoren neu bestimmt werden.

Eine Zuordnung der Nachfrageveränderungsquote zu den Konjunkturbewegungen ergibt, daß dem Stadium der Übernachfrage, etwa bis zum Jahr 1964, eine durchschnittliche Nachfrageveränderungsquote von ungefähr Null entspricht, dem Stadium der gleichgewichtigen Nachfrage bis zum Jahr 1971 eine Quote zwischen -1 und -2, und der Unternachfrage die Werte darunter. Die Differenz der gleichgewichtigen Nachfrage zu Null ist ungeklärt, sie mag auf zeitlichen Verzögerungen der Wirtschaftsabläufe beruhen. Andere ungeklärte Positionen sind die Termingelder bis unter 4 Jahren, die nicht alle nur echte Spargelder sind, demgegenüber ist der Sparanteil der Kassenhaltung der Wirtschaftsteilnehmer nicht erfaßt. Da die Wirkungen dieser Faktoren nicht quantifizierbar sind, können sie nur durch die Konjunkturindikatoren empirisch bestimmt werden. Trotzdem geschieht dies im Rahmen des von der Theorie festgestellten Urprozesses alles Wirtschaftens: *Der für die Herstellung von Gütern entstandene Einkommensgeldstrom muß als Nachfragegeldstrom wieder diese Güter kaufen.* Wird dies von den Wirtschaftsteilnehmern nicht erfüllt, wird der Nachfragegeldstrom durch zu hohes Sparen geschwächt, kommt es zur rezessiven Konjunkturentwicklung.

Nachdem die Nachfrageveränderungsquote die Entwicklung zwei Jahre früher anzeigt, ist die Frage zu stellen, wie denn die Auswirkungen für die Jahre 1983 und 1984 sein werden? Nachdem die Nachfrageveränderungsquoten im Jahr 1981 nur wenig, aber im Jahr 1982 dank des hohen Außenbeitrages (welcher Unternachfrage exportiert) und eines niedrigeren Sparbeitrages kräftig anstieg, dürfte sich der Anstieg des Bruttosozialprodukts für 1983 und 1984 fortsetzen. Dazu trägt auch die beträchtliche Zinssenkung bei. Schwerer vorauszusagen ist die Entwicklung der Arbeitslosenquote, sie sollte eigentlich aufgrund der genannten Faktoren im Jahr 1983 nicht weiter ansteigen und im Jahr 1984 etwas zurückgehen. Hinderlich für den Rückgang der Arbeitslosigkeit ist die seit einigen Jahren unterbrochene Weiterführung einer kontinuierlichen Arbeitszeitverkürzung, wie sie vor dem Erreichen der 40-Stunden-Woche üblich war.

Sonderfaktoren können wohl immer noch das Bild verändern, aber die Grundtendenz dürfte feststehen. Wenn aber in den Jahren 1983 und 1984 die Ausgaben der öffentlichen Hand wesentlich zurückgedrängt werden sollten ohne eine entsprechende Verminderung der Spargeldquote, ist eine weitere Verschärfung der Krise unvermeidlich. Oft wird die Ölpreiserhöhung für den Beginn der Unternachfrage verantwortlich gemacht. Das ist aber nicht zutreffend, der Außenbeitrag der Zahlungsbilanz war auch in diesen Jahren positiv und außerdem war schon vorher die Entwicklung zur Unternachfrage da.

Als Ergebnis der Untersuchung über die Ursache der Unternachfrage hat sich die um zwei Jahre im voraus verlaufende gleichartige Entwicklungstendenz der Nachfrageveränderungsquote gegenüber den Konjunkturindikatoren herausgestellt. Damit sind die erarbeiteten Erkenntnisse über die Rolle des Geldsparens im Wirtschaftsprozeß bestätigt:

Die Unternachfrage hat ihre Hauptursache in einem zu hohen Geld- und Wertpapiersparen. Liegt die Nachfrageveränderungsquote anhaltend unter -1,5% des Bruttosozialprodukts, ist die Wirtschaft mit der Tendenz zur Unternachfrage behaftet.

Überspitzt könnte gesagt werden: die Sparer sind schuld an der Krise und bekommen sogar noch Zins dafür. Die aus einer anhaltenden Unternachfrage resultierende Unsicherheit verstärkt das Sparen in den Industrieländern noch mehr, weil es der einzelne Haushalt nicht mehr wie früher nötig hat, das ganze Einkommen sofort auszugeben. Mit dem Eintritt der stärkeren Rezession im Jahre 1972 ist der Anteil der Spargelder sprunghaft angestiegen.

Zurückkommend auf Malthus kann nunmehr gesagt werden, daß der „Zwischenpunkt" zwischen „der Kraft zu erzeugen, als des Willens zu verbrauchen" bei einer jährlichen Spargeldzunahme von ca 1 — 2% des Bruttosozialprodukts, vermehrt um den eventuellen Zahlungsbilanzüberschuß, die Zunahme des Konsumentenkredits und die Staatsverschuldung liegen dürfte. Der Mangel an Verbrauch bzw. Nachfrage oder die zu große Spartätigkeit wurden auch von Malthus, Marx, Hobson gesehen, erst Keynes brachte diese Zusammenhänge gegenüber der klassischen Lehre zur Beachtung in der Wissenschaft. Die Klassik und der Monetarismus sahen das Sparen immer als eine Erweiterung oder gar als die Ursache der Investition an, so daß ein erhöhtes Sparen immer erhöhte Investitionen und damit, nach Adam Smith, den Reichtum der Nation zur Folge habe. Das ist auch richtig für den Unternehmer, der seinen Gewinn wieder investiert und auch für den Käufer von Aktien, der sich damit am Aufbau risikobehafteter Produktionsmittel beteiligt. Es ist aber nicht richtig für das Geldsparen, soweit es den oben genannten Zwischenpunkt übersteigt. Dann fehlt es der Nachfrage, um die produzierten Güter wieder aufzunehmen und führt zur Unternachfrage und Rezession. So ist der, seit Adam Smith bestehende, und von Say in ein „Gesetz" gebrachte Denkfehler, daß jegliches Sparen zu Investitionen führe, der eigentliche Grund der Wirtschaftskrisen.

Mit dieser Richtigstellung entfällt auch ein gewichtiger Grund für die Form zentralgesteuerter Wirtschaftssysteme.

Der Weg in die Krise

Ricardo machte gegenüber den Einwänden von Malthus geltend, daß er das Gleichgewicht nicht auf kurze, sondern auf lange Sicht behaupte. Wenn die Sicht lang genug ist, mag es so sein. Auch die große Depression von 1929—33 und als ihre

Folge die Diktatur und der zweite Weltkrieg gingen vorüber, und als alles zertrümmert war, fand sich in den fünfziger und sechziger Jahren das Gleichgewicht wieder. Keynes meinte deshalb, daß die Betrachtung einer kürzeren Sicht notwendig sei, „denn auf lange Sicht sind wir alle tot."

Nach dem Kriege blühte die Wirtschaft wieder auf, normalisierte sich ab dem Jahre 1967 und begann vom Jahre 1974 an, wieder unaufhaltsam einer Krise zuzusteuern, wie es die Zahlenreihen zeigen. Alle Bemühungen sind heute auf das Problem erhöhter Investitionen gerichtet. Jedoch können die Unternehmer nur dann investieren, wenn sie einen genügend großen Auftragseingang haben. Wenn sie jedoch keine Kredite aufnehmen, wenn „die Pferde nicht saufen", kann auch das Bankensystem kein Geld in die Wirtschaft „hineinpumpen". Der Sachverständigenrat unterschätzt die Risiken und Gefahren des Investierens, wenn er meint, dasselbe herbeireden, „trotz oder gerade wegen einer akut schlechten Absatzlage etwas Neues wagen", oder durch Steuergeschenke wesentlich fördern zu können.[33] Alle Bemühungen sind heute auf das Problem des Investierens gerichtet. Da aber als Ursache der Investitionsschwäche das hohe Sparen festgestellt wurde, kann dieses nicht mehr als eine Art naturgesetzliches Datum hingenommen werden, sondern es ist zu fragen, wie es verändert werden kann. Wissenschaft verlangt schließlich, einen Vorgang innerhalb des Wirtschaftsprozesses nicht ungeprüft hinzunehmen. Wenn zu hohe Spargelder ein unerträglicher Störfaktor des Konjunkturgeschehens sind, müssen Wege gefunden werden, sie auf das zuträgliche Maß zu verringern. Dann wird sich die Frage der Investitionen von selbst lösen.

---

[33] Jahresgutachten 1981/82 des Sachverständigenrates: Investieren für mehr Beschäftigung, zum Konzept des Sachverständigenrates, S. 143.

Nachdem in allen wesentlichen Industrieländern ähnliche Konjunkturlagen der Unternachfrage in Erscheinung treten, dürften auch dort die Spargelder so umfangreich geworden sein, daß die Produktion gedrosselt werden muß und die Arbeitslosigkeit ständig zunimmt. Die Beschleunigung der rezessiven Entwicklung in den letzten Jahren rührt aber von einem zusätzlichen Faktum, das aufgrund der bisherigen Ergebnisse ebenfalls deutlich wird. Es handelt sich um die durch die Preiserhöhungen enorm angewachsenen Ölgelder, die von den Ölländern zu einem beträchtlichen Teil gespart werden, jedenfalls nicht mehr voll auf den Markt kommen, um die produzierten Güter zu kaufen. Wie in der Volkswirtschaft verhält es sich auch in der Weltwirtschaft. Für die produzierten Güter insgesamt werden Gelder bezahlt, welche diese Güter wieder kaufen müssen, ob Konsum- oder Investitionsgüter. Es handelt sich deshalb nicht darum, ob der Ölpreis zu hoch ist, sondern daß Gelder stillgelegt werden und damit den Nachfragegeldstrom zu sehr schwächen.

Nicht nur in der Bundesrepublik Deutschland, sondern auch in anderen Ländern hat sich eine Kumulierung der rezessiven Tendenzen ergeben, die zu einer schon sichtbar werdenden internationalen Finanzkrise[34], zu einer weltweiten Depression führen könnten, zumal die Industrieländer schon alle von der Unternachfrage befallen sind. Dies wird mit zunehmender Sorge betrachtet, weil keine Lösung der Probleme in Sicht ist.

Im Grunde liegt in einem zu hohen Geldsparen ein Verstoß gegen das Prinzip der Marktwirtschaft vor, denn wenn die für die Produktion der Güter ausbezahlten Einkommen diese Güter nicht wieder kaufen, kann das System nicht funktionieren. Die Betrachtung der fundamentalen Vorgänge des Geldwesens hat gezeigt, daß diese wesentlich im Entstehen und Vergehen ihren Ausdruck finden. Auch diese notwendige Funktion wird durch das zu hohe Sparen verletzt.

---

[34] Ernst Joseph Pauw: Recycling Gefahren, Zeitschrift für das gesamte Kreditwesen 15/80.

Die Suche nach den Ursachen der Störungen des Konjunkturgleichgewichts führte im Falle der Inflation zu einer zu starken Einkommenserhöhung im Verhältnis zur Erhöhung des Sozialprodukts. Im Falle der Unternachfrage mit Arbeitslosigkeit führte die Suche zu einem zu hohen Geldsparen im Verhältnis zu den nachfrageerhöhenden Faktoren. Interessanterweise handelt es sich beidemal um mehr oder weniger autonome Entscheidungen von Einzelpersonen und Personengruppen, die in Unkenntnis der konjunkturellen Zusammenhänge getroffen werden. Es wird darauf ankommen, das Bewußtsein dafür zu erweitern. Dadurch ergeben sich neue Ansätze für die Konjunktursteuerung.

3. Änderung der Konjunktursteuerung (-politik) in der Unternachfrage
Arbeitszeitverkürzung, Zahlung der Arbeitslosengelder durch die Wirtschaft

Wenn die Wirtschaftsteilnehmer, aus welchen Gründen immer, so viel sparen, daß die produzierten Güter nicht mehr ganz verkauft werden, so liegt es nahe, weniger zu arbeiten. Die Produktion muß ohnehin der Nachfrage angepaßt werden, dadurch entsteht Arbeitslosigkeit, die vermieden werden könnte, wenn die Arbeitszeit entsprechend verkürzt werden würde. Allzulange ist an der 40-Stunden-Woche festgehalten worden. Gegen eine Arbeitszeitverkürzung wird die Gefährdung der Wettbewerbsfähigkeit durch die entstehende Kostenerhöhung geltend gemacht. Andere Länder stehen jedoch vor denselben Problemen, einige haben die 40 Stunden schon unterschritten. Andererseits sind die Arbeitslosengelder ein beträchtlicher Kostenfaktor der Volkswirtschaft mit 20 Mrd DM im Jahre 1982, der jedoch gar nicht beachtet wird, weil er im wesentlichen von den Wirtschaftsteilnehmern selbst über die Arbeitslosenversicherung aufgebracht wird. Die Bundesanstalt für Arbeit erhält aber auch steigende „Liquiditätshilfen" (1982: 7 Mrd) vom Staat. Diese Kosten der Arbeitslosigkeit dürften höher sein als die Mehrkosten, die durch Arbeitszeitverkürzung entstehen. Um das Bewußtsein für diesen Sachverhalt zu schärfen, wäre es, wie verschiedentlich vorgeschlagen, zweckmäßig, die Arbeitslosengelder nicht mehr von den Wirtschaftsteilnehmern einziehen, sondern direkt von der Wirtschaft an die Bundesanstalt für Arbeit bezahlen zu lassen. Dann erst kann bei den Verbänden der Sozialpartner das Interesse entstehen, die Arbeitslosen in den Wirtschaftsprozeß einzugliedern. Auch wenn dadurch die Arbeitenden eine Einbuße erleiden, so ist es ein gesellschaftliches Erfordernis, die Arbeitszeit gleichmäßiger zu verteilen. Natürlich ist eine Verkürzung der Arbeitszeit für die Arbeitenden und für die Organisation im einzelnen Betrieb, wenn teilweise

Schichten eingerichtet werden müssen, eine lästige Angelegenheit, allein es geht kein Weg daran vorbei. Schon in den 60er Jahren ist damit begonnen worden, die Konjunktur durch Defizite der öffentlichen Hand zu stützen, d.h. die Ausgaben nicht mehr voll durch Steuereinnahmen abzudecken und dadurch die Nachfrage künstlich zu steigern. Das ist aber auf die Dauer nicht durchzuhalten. Entweder müssen die Steuern erhöht oder die Ausgaben gekürzt werden, und die Arbeitszeit ist so weit zu verkürzen, daß die Produktion ohne wesentliche Arbeitslosigkeit dem Bedarf angepaßt ist.

Die Gewerkschaften haben die Frage der Arbeitszeitverkürzung aufgegriffen. Es sind die Wirtschaftsteilnehmer selbst, die durch ihr Sparen eine verringerte Produktion erzwingen. Der einfachste Weg wäre, anstelle von Lohnerhöhungen jedes Jahr die wöchentliche Arbeitszeit um 1—2 Stunden zu verkürzen. Es versteht sich, daß es echte Arbeitszeitverkürzungen sein müssen, die kein Ausweichen auf Überstunden ermöglichen. So könnte das gefährliche Arbeitslosenproblem in kleinen Schritten abgefangen werden, bevor es zu einer schweren Krisensituation kommt. Für die jeweilige Bestimmung der Arbeitszeit wird wohl eine viel größere Flexibilität erforderlich werden. Außerdem ist es im Hinblick auf die verheerende Umweltverschmutzung und -zerstörung, auf den rapiden Verbrauch einmalig vorhandener Rohstoffe und auf die Energiesituation dringend geboten, die Arbeitszeit und die Produktion so schnell als irgend möglich zu reduzieren. Die Verkürzung der Arbeitszeit genügt jedoch nicht allein, um die Unternachfrage zu beseitigen, weil andererseits bei Konjunkturschwäche aus Vorsicht noch mehr als sonst gespart und damit die Krisensituation verschärft wird. Andere Maßnahmen müssen hinzukommen.

Reduzierung des Geldsparens

Das Ziel einer Konjunktursteuerung ist das Konjunkturgleichgewicht und normalerweise bei ausgeglichenem Staatshaushalt. Am Beispiel des Jahres 1981, das wohl charakteristischer ist als das Jahr 1982, ergibt sich folgendes Bild:

	Nachfrageveränderung Mrd DM
Vermehrung der Spargelder	- 109
Außenbeitrag	+ 12
Verschuldung der öffentlichen Hand	+ 77
Konsumentenkredite	+ 3
Nachfrageveränderung = - 1,1% des Bruttosozialproduktes	- 17

Die Nachfrageveränderung liegt nahe am Gleichgewichtspunkt (- 1,5%). Aber der große Nachfrageausfall der Spargelder wird erkauft durch die große Staatsverschuldung. Statt die Staatsausgaben zu bezahlen, tragen die Wirtschaftsteilnehmer das Geld auf die Bank. Bei ausgeglichenem Staatshaushalt und Außenbeitrag und ohne Berücksichtigung der Konsumentenkredite dürfte die Vermehrung der Spargelder nur 1,5% vom Bruttosozialprodukt = 23 Mrd DM betragen (das sind 2,3% des „verfügbaren Einkommens der Haushalte" von 1012 DM). Der Rest von 86 Mrd DM müßte zum größten Teil durch die Steuer erhoben werden, auch wenn die Staatsausgaben reduziert werden können. Dieses Zahlenbeispiel gilt jedoch nur für die Erhaltung der gegenwärtigen Konjunkturlage, d.h. für die Verhinderung ihrer weiteren Verschlechterung (die Nachfrage würde gerade dem Angebot entsprechen). Sollte aber ein Konjunkturaufschwung eingeleitet werden, so wäre für mehrere Jahre eine Nachfrageveränderungsquote von + 2% des Bruttosozialprodukts erforderlich, d.h. bei sonst ausgeglichenem Haushalt und Außenbeitrag dürfte die Summe der Spargelder nicht steigen und außerdem müßten bei einem Bruttosozialprodukt von 1550 Mrd DM jährlich 2% = 31 Mrd Spargelder aufgelöst werden, das sind 2,6% der Spargeldsumme von 1183 Mrd DM. Dieser Satz müßte von jedem Spargeldinhaber aufgelöst und ausgegeben werden. Damit würden immerhin, gemessen am Jahr 1981 insgesamt 140 Mrd DM zusätzlich für Konsum und Investitionen zur Verfügung stehen. Beträge dieser Größenordnung werden aber benötigt, um das Gleichgewicht der Konjunktur wieder zu gewinnen. Die größten Schwierigkeiten und die größten Chancen liegen darin, daß eine solche Aktion der Freiwilligkeit anheimgegeben ist, denn es ist schwer vorstellbar, hierbei etwas durch Zwang zu erreichen, weil für Geld zu viele Fluchtwege offen stehen. Wenigstens könnten durch Lockerung der Geldpolitik die Zinsen für Spargelder erheblich gesenkt, und damit die Belohnung des Sparens vermindert werden, was allerdings eine internationale Regelung, oder eine zeitweilige Devisenbewirtschaftung notwendig machen würde. Zweifellos ist die Reduzierung des Sparens eine problemreiche Angelegenheit und erfordert eine große Umstellung der Wirtschaftssteuerung, bzw. -politik ebenso wie der Gewohnheiten. Sehr viel Phantasie ist aufgerufen, um die neue Situation zu bewältigen.

Vielleicht besteht eine Möglichkeit, daß die Kapitalsammelstellen, Versicherungen, Bausparkassen usw. die Spargeldanlagen verringern können. Im übrigen scheinen die Spargelder relativ breit gestreut zu sein, wie die Aufstellung über „Bruttoeinkommen sozialer Gruppen aus Geldvermögen" des DIW[35] (ohne Mieten) vermuten läßt (Selbständige 42%, Angestellte 27%, Arbeiter 11%, Rentner 20%). Da jedoch in dieser Aufstellung auch Einkommen aus Aktien und Unternehmensanteilen aufgeführt sind, die Investitionsgüter und keine Spargelder sind, kann nur ein sehr vager Eindruck aus dieser Aufstellung gewonnen werden. Von Wirtschaftsunternehmen selbst werden nur geringe

---

[35] DIW-Wochenbericht 19/79. Deutsches Institut für Wirtschaftsforschung.

Spargelder anfallen, weil infolge der starken Verschuldung der Unternehmen die Überschüsse jeweils zur Schuldentilgung verwendet werden. Es wäre aber notwendig, mehr über die Aufschlüsselung der Spargelder zu wissen.

Die Vertreter der Überspartheorie waren vor allem der Meinung, das Sparen der Reichen sei der Hauptgrund der Unternachfrage. Heute ist es wohl ein Grund unter anderen, wobei anzumerken ist, daß bei Selbständigen und Unternehmern ein großer, aber legitimer Bedarf nach liquiden Reserven besteht, denn das Risiko des Scheiterns erfordert Mittel, um Schwankungen auszugleichen und im Insolvenzfall die entstehenden Schäden zu mildern. Selbstverständlich ist es ein allgemeines Bedürfnis, für unerwartete Notlagen vorzusorgen, aber es ist einfach nicht möglich, daß zu viel Geld stillgelegt werden kann. Der Block der Versicherungen ist mit 340 Mrd DM Spargeldern (gegenüber der Verschuldung der öffentlichen Hand von 615 Mrd) verhältnismäßig hoch, diese müßten vermindert werden können. Vielleicht ließe sich das Prinzip, die Ausgaben durch die Einnahmen zu decken ohne große Geldhorte anzulegen, auch auf eine Form allgemeiner Daseinsvorsorge anwenden.

Wie ist es mit dem sogenannten „Wertpapiersparen"? Der Kauf von Aktien oder Investmentfonds-Anteilen bedeutet den Erwerb von risikobehafteten Unternehmensanteilen mit Investitionsgütercharakter, aber die zur Verfügung stehende Menge ist begrenzt. Der Erwerb von Bankschuldverschreibungen aller Art ist ein Sparvorgang wie das Geldsparen, es vermindert die Nachfrage. Zwar wird das Geld scheinbar weiterverliehen, z.B. über Hypothekenbanken für Bauzwecke usw., aber das ist gar nicht notwendig, weil neue produktive Leistungen mit neuen Krediten, mit neuem Geld erstellt werden können. Das für den Kauf von Wertpapieren verwendete Einkommen wird seiner Bestimmung, die produzierten Güter wieder zu kaufen, entrissen. Wenn aber die Wirtschaft ins Gleichgewicht kommen soll, muß das Prinzip des vollen Gütertausches: Güter – Geld – Güter gewahrt bleiben. Dann darf nur ein sehr kleiner Teil des Sozialprodukts bzw. Einkommens gespart werden.

Schenken

Wird aber zu viel gespart, sind halbherzige Aufrufe, mehr zu verbrauchen, erfahrungsgemäß ohne Wirkung geblieben. Im Gegenteil, in der Rezession hat der Einzelne noch mehr den Impuls zu sparen, um für noch schlechtere Zeiten gerüstet zu sein. Auf diese Weise führt aber das vermehrte Sparen erst recht die schlechten Zeiten herbei. Es käme einfach darauf an, den Menschen den vorliegenden Sachverhalt deutlich zu machen, daß nämlich durch ein zu großes Sparen die Funktion der ganzen Wirtschaft leidet, so wie zu weniges Essen die Körperfunktionen beeinträchtigt. In regelmäßigen Abständen könnte die für eine gesunde Entwicklung zulässige Höchstquote des Spargeldes bekanntgegeben werden und die Wirtschaftsteilnehmer könnten das überschüssige Geld ausgeben. Benötigen sie dieses nicht für ihren eigenen Bedarf, so könnten sie bedürftigen Mitmenschen helfen, sie könnten einen Verein, eine freie Schule, andere freie kulturelle Einrichtungen fördern, womit zugleich die erwünschte Stärkung des qualitativen Wachstums stattfinden würde. Sie könnten armen Menschen in den Entwicklungsländern helfen, nicht indem sie einen Beitrag an eine große Hilfsorganisation zahlen, die wieder Schwierigkeiten hat, Nahrungsmittel oder Konsumgüter zu senden, weil es die Handelswege der Empfängerländer stört, sondern sie könnten sich mit einzelnen Menschen oder Familien in Verbindung setzen, um diesen dann zu schicken, was sie benötigen und sich nicht leisten können. Solche Aktionen hätten auch den Effekt, schnell die wirksame Nachfrage zu steigern, ohne einen bürokratischen Apparat zu erfordern.

In Erinnerung an die Care-Pakete, die nach dem Krieg von USA an einzelne Deutsche geschickt wurden, würde eine solche Aktion diesen humanen Impuls wieder aufgreifen. Auf diese und andere Weise hätten die Menschen die Möglichkeit, nicht nur über die Steuern und den Staat, sondern aus eigener Einsicht und aus eigenem Willen dasjenige in der kleineren oder größeren Gesellschaft zu fördern, was sie für wichtig halten. Sie hätten einen neuen Sektor für freie gesellschaftliche Gestaltungsmöglichkeit. Und wenn das sehr viele Menschen aufgriffen, wäre gar nicht zu übersehen, welch segensreiche Wirkungen von solchen selbst gestellten Aufgaben ausgingen, ganz abgesehen davon, daß sie damit in gemeinnütziger, in echt sozialer Weise handeln könnten. Sozusagen als Nebeneffekt würde eine krisenfreie Wirtschaft entstehen. Ist dies zu idealistisch gedacht? Jedoch — fordern nicht die Sachverhalte selbst ein soziales Handeln anstelle eines egoistischen Handelns?

Steiner wies verschiedentlich auf die große Bedeutung des „Schenkungsgeldes" gegenüber dem „Kaufgeld" (Nachfragegeldstrom) und dem „Leihgeld" (Kredite, Spargelder, Wertpapiere) und forderte die Unterscheidung der verschiedenen Geldqualitäten. Er schlug die Bildung regionaler Assoziationen der Wirtschaft vor, deren Aufgabe unter anderem sein sollte, dafür zu sorgen, daß Überschüsse aus der Wirtschaft als Schenkungsgelder in freie Institutionen des Geisteslebens fließen könnten, um dieses Gebiet zu einer besseren Entfaltung zu bringen. Die Anhäufung und Stillegung von Geldern sollte vermieden werden, damit der Wirtschaftsprozeß nicht ins Stocken gerate.[36, 37]

---

[36] Rudolf Steiner: Die Kernpunkte der sozialen Frage, Stuttgart 1920, Seite 81, 92.
[37] Rudolf Steiner: Nationalökonomischer Kurs, 4. Auflage Dornach 1933, Seite 78, 145—152.

Um aber die Wirtschaftsteilnehmer über die jeweilige Höchstquote an Spargeld zu informieren, müßte diese von der Konjunkturassoziation aufgrund der anderen nachfragesteigernden oder -vermindernden Faktoren ermittelt, aber dann über alle Verbände an die Wirtschaftsteilnehmer herangebracht werden. Schließlich haben ja alle ein Interesse an einer gesunden Wirtschaft und werden dafür auch zu gewinnen sein, wenn sie über die Zusammenhänge so informiert werden, daß sie dieselben einsehen können. Aber solche Aktionen werden nur gelingen, wenn die volkswirtschaftlichen Instanzen zusammenwirken und gemeinsam in klaren Darstellungen der Sachverhalte, mit Phantasie und Mut die Wirtschaftsteilnehmer ansprechen.

Entsparung durch Inflation?

Eine kräftige Inflation durch überdimensionale Lohnerhöhungen ist wohl immer noch die einfachste, aber auch die ungerechteste Art der Zwangsentsparung, weil der nominelle Wert des Geldes sich nicht ändert und dadurch die Entwertung nicht so augenfällig ist (Geldillusion). Der Verfall der Sparguthaben wird außerdem durch das höhere Einkommen scheinbar kompensiert. Die Geschädigten sind neben den Sparern hauptsächlich die Rentner, die kein Einkommen beziehen. Schwierigkeiten gibt es auch mit den Kapitalsammelstellen, Versicherungen usw. und mit der Außenwirtschaft wegen der Abwertungen. Die Unternehmen dagegen kommen meist besser weg, weil sie aufgrund der schwierigen Vorhersehbarkeit der Preisentwicklung für ihre benötigten Materialien relativ hohe Zuschläge einkalkulieren müssen.

Steigerung der Investitionen

Die Suche nach einer Steigerung der Investitionen, nach neuen Technologien steht im Vordergrund der Untersuchungen zur Konjunkturpolitik. Wenn eine Unternachfrage vermieden oder beseitigt werden kann, so ist das Problem gelöst, denn Investitionen entstehen vor allem durch eine ausreichend große Nachfrage[38], d.h. durch den Auftragseingang. Für die Entwicklung neuer Technologien, die normalerweise der Wirtschaft überlassen werden, könnte auch vom Gesetzgeber durch beträchtliche Verschärfung der Auflagen für den Schutz der Umwelt etwas getan werden. Für die Reinhaltung von Luft, Wasser und Boden könnten schon neue Entwicklungen in Gang kommen oder größere Verbreitung finden, die für die Zukunft bedeutungsvoll wären, denn für umweltschonende Produkte wird ein großer Bedarf entstehen. Es ist jedoch zu beachten, daß durch Steigerung der Investitionen, also durch Angebotspolitik, der Geldstrom des Einkommens sich zwar erhöht, aber in gleicher Weise erhöht sich das Güterangebot. Die eigentliche Ursache der Krise, die einseitige Verminderung des Geldstroms gegenüber dem Güterstrom bleibt unverändert.

Wachstumspolitik

Weit verbreitet ist die Meinung, daß eine Unternachfrage nur durch ein Wachstum des Sozialprodukts behoben werden könne. So werden krampfhafte Versuche gemacht, mit Hilfe von Steuersenkungen oder Subventionen Investitionen zu fördern, die meist nicht den gewünschten Erfolg zeitigen, weil alles Investieren eine sehr risikoreiche und schwer zu überschauende Angelegenheit ist, die bei Strafe des Bankrotts nicht verfehlt

---

38 Ulrich Teichmann: Grundriß der Konjunkturpolitik. München 1978. S. 28, 29.

werden darf. Wird jedoch das Sparen auf den erforderlichen Umfang reduziert, kommt das Konjunkturgleichgewicht auch ohne Wachstum zustande.

Geldpolitik und Zinspolitik

Die Wirksamkeit der Geldpolitik in der Unternachfrage ist umstritten. Weil die eventuelle Wirkung monetärer Impulse über die Umschichtung des Geldvermögens gewinnmaximierender Geldanleger erst in längerer Zeit eintritt, wird allgemein eine Verstetigung der Geldpolitik empfohlen, die sich am ,,Produktionspotential" orientiert. Das heißt aber, daß sie als konjunkturpolitisches Instrument in der Unternachfrage keine große Bedeutung hat. Die Geldpolitik kann Kredit bereitstellen, in welchem Maße er in Anspruch genommen wird, liegt allein bei der Wirtschaft.

Der Zins könnte ein gutes Mittel sein, die Unternachfrage zu bekämpfen. Ein niedriger Zins würde entsparend wirken und zugleich die Kreditaufnahme fördern. Das ist möglich, wenn, wie schon gesagt, die Zinsen für Spargelder durch entsprechende Lockerung der Geldpolitik stark abgesenkt werden. Auch Keynes dachte an eine Entwicklung, die bis zum Null-Zins führen sollte. Und es gibt Aussagen von Steiner, daß für das Stilllegen von Geld eine Steuer erhoben werden sollte. Im Gegensatz dazu bestand in der gegenwärtigen Rezessionsperiode ein sehr hoher Zins, der die Wirtschaftsschwäche beschleunigte. Wenn aber durch gemeinsame Übereinkunft die Einkommensbestimmung der Veränderung des Sozialprodukts angepaßt, und so eine Inflation vermieden werden könnte, so läge nichts im Wege, die Geldpolitik beträchtlich zu lockern. Der Zins könnte dann so weit absinken, daß vom Ertrag her gesehen kein Interesse mehr an der Ansammlung von Spargeldern bestünde. Und weil fast alle Industrieländer dieselben Schwierigkeiten mit der Krisenentwicklung haben, könnte ein gleichgerichtetes Verhalten erwartet werden.

Staatsverschuldung

Schon erwähnt wurde, daß die Staatsverschuldung den Nachfragegeldstrom erweitert, und zwar ohne inflatorische Wirkung, weil sie die Einkommen, welche die Preise bestimmen, nicht erhöht. So kann die Staatsverschuldung durchaus Wirtschaftsschwächen ausgleichen, aber nicht auf die Dauer, wenn die Unternachfrage und Unterbeschäftigung anhält. Wenn die Schulden zu verzinsen sind, wird die Zinslast (1982: 45 Mrd) zu hoch für den Haushalt. Genau besehen ist es schon paradox, daß die Bürger über die Steuer Zinsen zahlen müssen, weil sie zuviel sparen.

In den USA und wohl auch in anderen Ländern besteht die Möglichkeit, daß die Notenbank dem Staat zinslose Anleihen gewähren kann. Das ist der berühmt-berüchtigte Weg über die Notenpresse, das geräuschlose Finanzierungsinstrument von Kriegen. Geräuschlos deshalb, weil die Staatsdefizite zu einem wachsenden Teil nicht mehr durch Steuern abgedeckt werden und somit zunächst keine Beeinträchtigung des Wirtschaftsteilnehmers in Erscheinung tritt. Im Gegenteil, mit der Zeit belebt sich die ganze Wirtschaft, weil der Nachfragegeldstrom kräftiger geworden ist und die nachfrageschwächende Wirkung der Spargelder neutralisiert hat. Schließlich, wenn es so weitergeht, entsteht eine Übernachfrage, die zu einer nachfrageinduzierten Inflation führt. Die brauchbare Gütermenge wird knapp und es wird notwendig, Bezugsscheine einzuführen. Wird jedoch das Mittel der zinslosen Staatsanleihen von der Notenbank verantwortlich benützt, wie es Friedman offenbar vorsieht [39], so könnte damit die rezessive Tendenz der wachsenden Spareinlagen neutralisiert werden und trotz derselben eine gleichgewichtige und vollbeschäftigte Wirtschaft entstehen. Wenn die Wirtschafts-

---

[39] Milton und Rose Friedman: Chancen, die ich meine, Berlin 1980, Seite 97−104.

teilnehmer weniger sparen, so würde die Notenbank dieses Instrument nicht weiter benützen dürfen, der Finanzhaushalt müßte mit Ausgaben und Einnahmen ausgeglichen sein.

Was wären die Folgen einer solchen kontrolliert dosierten Finanzierung über die Notenpresse? Nachdem den Spareinlagen der rezessive Effekt genommen ist, so würden sie ins Unendliche wachsen und eine große potentielle Inflationsgefahr bilden für den Fall, daß sie eines Tages auf den Markt strömen wollten. Mit Recht ist die Finanzierung über die Notenpresse berüchtigt, weil sie leicht mißbraucht werden kann, wie die Geschichte lehrt. Auch ist es eine große Frage, ob es die Aufgabe des Staates sein soll, das zu hohe Sparen der Bürger durch eigene hohe Verschuldung ständig zu neutralisieren und dadurch Spargelder von riesigen Dimensionen zu ermöglichen.

Nachdem die Sparer die Unternachfrage verursachen und der Staat einspringt, um die Lücke durch Verschuldung zu schließen, müssen sich sowohl die Spargelder (1256 Mrd) als auch die Staatsverschuldung (615 Mrd) immer mehr anhäufen. Bei diesem Sachverhalt drängt sich geradezu der Gedanke auf, in größeren Zeitabständen die öffentlichen Schulden durch die Spargelder tilgen zu lassen. Man denke an die Schuldenerlasse im althebräischen Jubeljahr nach jeweils sieben Jahren und an die Rückgabe des Grund und Bodens an den früheren Eigentümer nach 50 oder 70 Jahren. Diese Maßnahmen dienten nach Steiner auch der Ordnung der Wirtschaft, da neben den Schulden auch die volkswirtschaftlich schädlichen Vermögen in regelmäßigen Abständen wegfielen. Zu dem Problem der Spargelder schlug Steiner vor, daß ersparte Geldvermögen durch letztwillige Verfügung oder durch Übertragung über eine „Korporation des geistigen Organismus" an eine „geistig oder materiell produzierende Person oder Personengruppe" gehen sollten und nicht an unproduktive Personen.[40]

---

[40] Rudolf Steiner: Die Kernpunkte der sozialen Frage, Stuttgart 1920, S. 81.

Weshalb aber werden die Schulden der öffentlichen Hand nicht durch höhere Steuern abgebaut? Das ist natürlich für Politiker eine unpopuläre Angelegenheit, aber wie soll sonst wenigstens die jährlich hinzukommende Verschuldung beseitigt werden, die im Jahre 1982 allein 69 Mrd DM betrug? Wie kann darüber hinaus der Schuldenberg von 645 Mrd DM vermindert werden? Das ist gar nicht denkbar ohne kräftige Ausgabenkürzungen, Steuererhöhungen und den Rückgriff auf die Spargelder.

Sparförderung

Es bedarf der besonderen Erwähnung, daß die Sparförderung und die Sparwerbung unterbleiben muß und nur in der Zeit einer Übernachfrage vorgenommen werden darf. Es ist eine Paradoxie, in einer Rezession das Sparen anzuregen, wie es immer noch geschieht. Laufende Sparverträge sollten unterbrochen werden können. Die gesetzliche Sparförderung erweist sich als Krisenförderung.

Die Frage der Ölgelder

Ein sehr großes Problem dürfte sein, die stilliegenden Ölgelder wieder in Bewegung zu bringen. Soweit sie Anlagemöglichkeiten gefunden haben, mag ein Teil des Geldes für produktive Zwecke wieder eingesetzt sein, soweit dadurch nicht Inland-Gelder zur Stillegung gekommen sind. Aber diese riesigen Geldmengen sind nicht unterzubringen, sie haben weltweit den Effekt, die Wirtschaft zu schwächen und sie bringen immer mehr die Ölländer in eine extreme Gläubigerposition. Schließlich müssen sie, wie bisher die Industrieländer, immer wieder die uneinbringlichen Schulden streichen. Die Berechtigung für die hohen Ölpreise kann schon eingesehen werden, wenn damit für die Zeiten vorgesorgt werden soll, wo das Öl zu Ende geht. Und die hohen Preise könnten keinen Schaden anrichten, wenn die großen Gelder wieder auf den Markt flössen, um die produzierten Güter zu kaufen. Da dies trotz der Erhöhung der Importe durch die Ölländer nicht möglich scheint, müßte nach einer Lösung gesucht werden, welche sowohl die Interessen der Ölländer als auch der Ölverbraucherländer, also der ganzen Weltwirtschaft sichern kann. Dazu wäre es erforderlich, daß die Industrieländer sich vertraglich verpflichten, für die weitere Entwicklung der Ölländer Sorge zu tragen und daß diese dagegen den Preis so weit ermäßigen, damit keine allzugroßen Geldstillegungen entstehen. Solche Lösungen werden zweifellos als utopisch angesehen. Warum aber soll nicht auch einmal zwischen Ländern − oder vielleicht zwischen den Wirtschaften der Länder − ein langfristiger Vertrag abgeschlossen werden, wie es zwischen Einzelpersonen oder Wirtschaftsverbänden eines Landes auch geschieht? Dann wird überhaupt erst Weltwirtschaft entstehen, wenn, wie es in anfänglicher Weise in einer Volkswirtschaft geschieht, Ausgleichsmaßnahmen zwischen den reicheren und ärmeren Regionen getroffen werden. Auch dies sind unkonventionelle Gedanken, aber solche oder andere werden benötigt, weil die Konvention nicht mehr genügt, um die Probleme zu lösen.

Ergebnisse

Für das Bestehen einer langfristigen Tendenz zur Unterbeschäftigung wurde als Ursache der Denkfehler ermittelt, wonach Geldsparen zu einer Erhöhung der Investitionen führe. Ein zu hohes Geld- und Wertpapiersparen führt vielmehr zu einer Schwächung des Nachfragegeldstroms und damit zu Produktions- und Investitionsrückgängen und steigender Arbeitslosigkeit. Das heißt aber: die Wirtschaftsteilnehmer sparen zu viel und arbeiten zu viel. Sowohl das Sparen, als auch die Arbeitszeit müssen vermindert werden. Die Inflation ist in den Industrieländern im wesentlichen angebots- bzw. einkommensinduziert, das heißt: die Wirtschaftsteilnehmer erhöhen ihre Einkommen mehr als ihre Leistungen.

Beidesmal sind Personen und Personengruppen — und zwar schlecht oder falsch orientierte — die Ursache der Konjunkturstörungen. Wer jedoch nur Mechanismen sucht, kommt zu der Meinung, in der Inflation sei die Nachfrage zu groß und in der Rezession sei sie zu klein, oder das Angebot sei zu klein. Aber die Ursachen dafür sind nicht zu finden. Hier wird die Begrenztheit der mechanistischen Denkweise sichtbar. Um zu den wahren Ursachen zu kommen, dürfen die Handlungen der Personen nicht als feststehende Daten hingenommen werden, sondern müssen auf ihre neutrale oder störende Wirkung hinterfragt werden. Nur eine personalistische Wissenschaft kann an die Ursachen der Störungen herankommen, weil diese von Personen vollzogen werden. So bedarf es des autonomen Entschlusses von Menschen und Menschengruppen, um bei den Entscheidungen über Einkommenserhöhungen nicht zu viel Geld entstehen zu lassen und bei den Sparentscheiden nicht zu viel Geld zurückzuhalten d.h. vor dem Vergehen zu hindern. Jedenfalls liegt in der Zukunft die Verantwortung für eine gute oder schlechte Wirtschaftslage nicht mehr bei der Regierung, sondern bei den Wirtschaftsteilnehmern selbst und ihren Repräsentanten. Es sind die verschiedensten Möglichkeiten denkbar, von denen einige angedeutet worden sind, um die Situation zu bereinigen. Da es jedoch etwas kostet, ist die Frage zu stellen: Ist der unverminderte Besitz von Spargeldern wichtiger als die Verhinderung einer großen Wirtschaftskrise?

Die hier vorliegende „Konjunkturtheorie der Nachfrageveränderung" erfüllt zentrale Anliegen der angebotsorientierten, monetaristischen Konjunkturpolitik nach einer monetaristischen Steuerung der Konjunktur, auch wenn sie nicht allein durch das Bankensystem erfolgt, und nach einer Zurückdrängung der Konjunktursteuerung über die öffentlichen Finanzhaushalte. Das Anliegen der nachfrageorientierten Konjunkturpolitik wird erfüllt durch die Stärkung der Nachfrage, nicht jedoch über eine weitergetriebene Staatsverschuldung. Nur durch eine zureichende Nachfrage, und nicht durch Steuergeschenke, können die Investoren, als die eigentlichen Erbauer der Wirtschaft tätig werden. Die Sparer dagegen verhindern zwar bis zu einem Sparvolumen von 1,5% des Bruttosozialprodukts das Eintreten von Übernachfrage, wenn es jedoch darüber hinausgeht sind sie die eigentlichen Behinderer des Wirtschaftsprozesses.

Die Konjunktursteuerung wird zweckmäßig durch eine freiwillige Konjunktur-Assoziation (konzertierte Aktion) erfolgen. Um die Unternachfrage und langfristige rezessive Tendenz abzubauen, sind Arbeitszeitverkürzungen und Maßnahmen zur Reduzierung des Sparens erforderlich, die ebenfalls am besten durch freie Übereinkunft zu lösen wären. Es kommt auf die Verminderung des Güterangebots und auf die Erhöhung des Nachfragegeldstroms an. Wenn der Auftragseingang steigt, lösen sich die Probleme der Investitionen und der Beschäftigung von selbst.

Auch die Frage der Ölgelder erfordert eine weltwirtschaftliche Assoziation, erfordert Zusammenarbeit, weil das Marktprinzip allein die schwerwiegenden Probleme, z.B. nach dem Versiegen der Ölquellen, nicht löst.

Die häufig zitierte Alternative zwischen Marktwirtschaft und dirigistischer Wirtschaft ist falsch gestellt. Die Marktkräfte sind wohl von großer Bedeutung, aber ihre quasi mechanische Wirkung reicht für eine gute Funktion der Wirtschaft nicht aus, weil der Mensch kein Mechanismus ist. So bedürfen sie immer wieder der bewußten Ergänzung durch gemeinsame, assoziative Regelungen oder Korrekturen. Ein gutes Beispiel dafür ist der Vorgang des Sparens. Dieser unterbricht eigentlich den Prozeß des Marktes, indem ein Teil des Geldstroms stillgelegt statt ausgegeben wird. Das kann eine Zeitlang durch Verschuldung der Unternehmen und der öffentlichen Hand ausgeglichen werden, aber auf die Dauer gibt es dafür kein anderes Heilmittel, als die Verkürzung der Arbeitszeit um die Arbeitslosigkeit zu beseitigen und die Verminderung des Sparens. Solche Maßnahmen der Konjunktursteuerung können nur durch Verständigung getroffen werden.

Die Freiheit im Sinne des egoistischen Kampfes um den eigenen Wohlstand reicht nicht aus, um eine gesunde Wirtschaft entstehen zu lassen. Wenn aber das Zentralverwaltungsprinzip, die Diktatur, nicht als einzige Alternative übrig bleiben soll, muß eine höhere Freiheit praktiziert werden: die freie Zusammenarbeit, die Einigung der Menschen und der Wirtschaftsgruppen bzw. -verbände aus dem Verständnis der gemeinsam zu lösenden Aufgabe, der Sorge für die gute Funktion des komplizierten Wirtschaftsorganismus. Dazu gehört die Kenntnis der Ursachen der Gleichgewichtsstörungen und der Wille, dieselben zu beseitigen. Und dazu gehört die Erhaltung oder die Wiederherstellung der bedrohten oder zerstörten Märkte. Wie sich gezeigt hat, gehört dazu auch die verständnisvolle freiwillige Mitarbeit der einzelnen Wirtschaftsteilnehmer. Dann erscheint es möglich, eine schwere Depressionskrise in Zukunft verhindern zu können, die in der Vergangenheit so großes Unheil über Deutschland und über die Welt gebracht hat. Denn die Depressionskrise war das Tor, aus dem die Mächte der Finsternis Tod und Verderben über die Menschheit brachten.

Jedoch genügt es heute nicht mehr, die Erfordernisse für eine krisenfreie Wirtschaft aufzuzeigen, weil die Wirtschaft andererseits eine Naturzerstörung von gewaltigen Ausmaßen verursacht, die zu einer schweren Gesellschaftskrise führen muß. Deshalb ist es notwendig, auch die tiefer liegenden Ursachen dieser Entwicklung aufzusuchen, denn nur in der Änderung der zu Krisen führenden Ursachen kann eine Wirtschaft entstehen, die der Würde des Menschen nicht widerspricht.

2. TEIL

Die Folgen einer krisenfreien Wirtschaft für die Gesellschaft

Bisher ist es bei der Darstellung neuer Erkenntnisse nicht üblich, nach deren Folgen für die Gesellschaft zu fragen. Blindes Spezialistentum hat aber zu den Schwierigkeiten geführt, mit denen die Welt heute konfrontiert ist. So genügt es auch nicht, warnend auf die zu erwartende, verstärkte Naturzerstörung zu verweisen, sondern es muß versucht werden, deren fundamentale Ursachen aufzuspüren.

Die Schwere des Problems kann hier nicht dargestellt werden, nur einige Bemerkungen können darauf hindeuten. In den ersten zwei Jahrzehnten nach dem Kriege war eine krisenfreie Wirtschaft verwirklicht worden und zwar, mit Hilfe der Politik der Staatsverschuldung, bis vor wenigen Jahren. Eine ungeheure wirtschaftliche Entfaltung fand statt. Sie hat solche Ausmaße angenommen, daß die Naturzerstörung mit erschreckender Geschwindigkeit fortgeschritten ist, daß Luft, Wasser, Erde verschmutzt, Pflanzen, Wälder, Tiere und Menschen vergiftet werden und daß einmalig vorhandene Rohstoffe in wenigen Jahrzehnten, andere in wenigen Jahrhunderten verbraucht sein werden. Die UNO-Umweltkonferenz prognostiziert bis zum Jahr 2000 eine Umweltkatastrophe, „die eine so vollständige und unwiderrufliche Verheerung bezugen wird wie ein atomarer Holocaust", wenn nicht schnell und energisch eingegriffen wird.[41] Hinzu kommt das Damoklesschwert einer unvorstellbaren Vernichtungskraft der atomaren Rüstung. Die aus einer steigenden Fülle von Literatur herausragenden Signale der Naturzerstörung sind:

---

[41] Stuttgarter Zeitung, 12.5.1982.

1958 Günther Schwab: „Der Tanz mit dem Teufel"[42]
1962 Rachel L. Carson: „Der stumme Frühling"[43]
1972 Dennis L. Meadows: „Die Grenzen des Wachstums"[44]
1975 Herbert Gruhl: „Ein Planet wird geplündert"[45]

Diese Berichte und Prognosen kompetenter Persönlichkeiten und Institutionen über das Ausmaß der Zerstörungen und des unverantwortlichen Verbrauchs der Grundrohstoffe sind erschütternd. Noch erschütternder ist die Besinnung auf den achtlosen Umfang der Menschen mit der ihnen anvertrauten Schöpfung. Dieser rührt nicht zuletzt von der Vorstellung her, die jedoch von kompetenter mathematischer Seite als absurd nachgewiesen wurde[46], Welt und Menschen seien durch eine unendliche Anzahl von Zufällen entstanden. Die Überlieferungen aller Länder sprechen eine andere Sprache. Aus den Zeiten, als die Menschen noch die Fähigkeit der Wahrnehmung der übersinnlichen Welt hatten, berichten sie sehr konkret über die Schöpfungstaten der göttlich-geistigen Mächte.

Rudolf Steiner, der moderne Seher und Denker, der Inaugurator kulturerneuernder Bewegungen in Wissenschaft, Kunst, sozialem Leben und Erziehung[47], bestätigt die jeweilige Geltung der Überlieferungen zu ihrer Zeit und beschreibt aus seiner Schau, wie die Geistseelen der Menschen nach dem Tode die geistige Welt durchwandern und, bereichert durch die errungenen Fähigkeiten, nach längerer Zeit wieder zur Erde kommen, um sich aufs neue mit einem physischen Leib zu verbinden, weil der Mensch nur auf der Erde in aktiver Tätigkeit für andere

---

[42] Günther Schwab: Der Tanz mit dem Teufel, Hannover 1958.
[43] Rachel L. Carson: Der stumme Frühling, München 1962.
[44] Dennis L. Meadows: Die Grenzen des Wachstums, Stuttgart 1972.
[45] Herbert Gruhl: Ein Planet wird geplündert, Frankfurt 1975.
[46] A. Cressy Morrison: Zufall oder Schöpfung, Stuttgart 1951, Seite 121–124.
[47] Theodor Beltle: Die menschenwürdige Gesellschaft, Frankfurt 1972.

sich geistig-ethisch weiterentwickeln kann, was eine seiner wesentlichsten Aufgaben ist. Die Menschwerdung, die sich heute vornehmlich auf den geistig-seelischen Teil des Menschen bezieht (worin auch die größten Unterschiede zwischen den Menschen bestehen), bedarf heute seiner aktiven Mitwirkung und benötigt noch lange Zeiträume. Eine Zerstörung der Lebensgrundlagen, wozu die Widersachermächte die Menschen verführen wollen, würde bedeuten, daß die Menschen sich nicht mehr verkörpern könnten, daß ihre weitere Entwicklung abgeschnitten wäre und sie die ihnen gesetzte Entwicklungshöhe, das Menschheitsziel, wozu sehr viele Inkarnationen nötig sind, nicht erreichen könnten.[48, 49]

Die genannten Aufrufe an das Gewissen der Verantwortungsträger haben, abgesehen von einigen Verbesserungen in der Bekämpfung der Umweltverschmutzung, keine durchgreifende Wirkung gehabt. Nur die Länder mit den größten Ölvorkommen haben den Ernst der Lage begriffen und drosseln die Förderung. Sonst besteht nach wie vor das Ziel des industriellen Wachstums, d.h. des Verbrauchs einmalig vorhandener Rohstoffe und der weiteren Umweltzerstörung. Zwar bilden sich Gruppierungen, besonders aus der Jugend, welche die Gefahr spüren und etwas dagegen tun wollen, aber sie erreichen bisher keine Mehrheiten, die erforderlich wären, um Gesetze zu machen. Zunächst begrüßen sie die gegenwärtige Rezession, die wenigstens einen kleinen Aufschub gewährt. Weshalb sind die Regierenden unfähig, das Steuer herumzureißen? Wird nicht die Möglichkeit der Verhinderung von Krisen zu einer viel rapideren Naturzerstörung führen? Wo liegen die Gründe für diese zerstörerische Entwicklung?

---

[48] Rudolf Steiner: Theosophie. Einführung in übersinnliche Welterkenntnis und Menschenbestimmung. 30. Auflage, Dornach 1978.
[49] Rudolf Steiner: Die Geheimwissenschaft im Umriß, 29. Auflage, Dornach 1977.

1. Schädigungen von Natur und Mensch durch die Wirtschaft oder die Politik?

In höherem Sinne ist jeder Mensch und jeder Leiter eines Unternehmens verantwortlich für die Erhaltung der Natur, aber für die wirksame Verhinderung von Schädigungen bedarf es der Gesetze. Das gilt besonders für die Wirtschaft, weil dort die Verhinderung von Verschmutzungen Kosten verursacht, die nur dann den Wettbewerb nicht verfälschen, wenn sie für alle anderen in gleicher Weise anfallen. Letztlich ist es also der Gesetzgeber, der für die Erhaltung der Natur verantwortlich ist. Es gibt auch seit geraumer Zeit Gesetze aller Art, um die Verschmutzung und Vergiftung in Grenzen zu halten. Aber diese Gesetze werden noch nicht mit Konsequenz gehandhabt. Und eine Verschärfung der Gesetzgebung ist nur sehr schwer zu erreichen. Was ist der Grund? Die Wirtschaft befürchtet die Minderung der internationalen Wettbewerbsfähigkeit, die Gewerkschaften den Verlust von Arbeitsplätzen und der Staat eine Reduzierung der Steuereinnahmen. Diese „Sachzwänge" veranlassen Politik und Staat zu einer sanften Handhabung der Gesetze. Besonders in der Großtechnik oder der Energiewirtschaft, wo der Staat bzw. die Kommunen selbst die Verantwortungsträger sind, besteht wenig Neigung, viel für den Umweltschutz zu tun. Welche Risiken werden in der Kerntechnik von Politik und Staat ungefragt den Menschen zugemutet. Welche unglaublichen Gefährdungen sind damit über zehntausende von Jahren für kommende Generationen verbunden! Welche undurchschauten Eingriffe in die Natur, in diesen in sich zusammenhängenden äußerst komplizierten lebendigen Organismus werden vollzogen![50, 51, 52] Soll denn im Interesse einer ständig weitergetriebenen Industrialisierung die Natur als die Lebensgrundlage der Menschen zerstört werden?

[50] Robert Jungk: Der Atomstaat, 3. Auflage, München 1977.
[51] Klaus Traube: Müssen wir umschalten? Reinbek 1978.
[52] Stefan Leber: Atomtechnik und Anthroposophie, Stuttgart 1981.

Aufgabenkollision zwischen Staat und Wirtschaft

Gesetzgeber und Staat sind unmittelbar an das Grundgesetz gebunden, eines der Grundrechte in Artikel 2 ist das Recht auf Leben und körperliche Unversehrtheit, das er zu beachten hat. Nirgends steht jedoch, daß Politik und Staat den Aufbau von Wirtschaftsmacht oder auch nur „Wohlstand für alle" zu besorgen hätten. Gerade dies ist aber eingetreten. Und weil der Staat in zunehmendem Maße selbst Wirtschaft betreibt, verliert er immer mehr die Möglichkeit, dem Wirtschaftsbereich ordnende Schranken zu setzen, um die Menschen zu schützen. Im kleinen Bereich der Sicherheitsvorschriften in Betrieben oder des Lebensmittelgesetzes verordnet und kontrolliert er zwar mit Eifer, aber im großen Bereich bedroht er die Menschen in unvorstellbarer Weise und verletzt damit selbst das elementare Grundrecht.

Politik und Staat befinden sich in einer schlimmen Aufgabenkollision, wenn sie sich mit der Wirtschaft identifizieren oder auch nur von ihr abhängig werden. Sie geraten selbst in die Sachzwänge der Wirtschaft. Das ist verschiedentlich bemerkt und ausgesprochen worden, so z.B. von dem SPD-Politiker Erhard Eppler: „Regieren, das bedeutet für viele, die heute Verantwortung tragen, den ökonomischen Wachstumsprozeß in Gang zu halten"[53] Herbert Gruhl, der langjährige Fraktionsvorsitzende in Umweltfragen der CDU/CSU im Bundestag, der nicht nur die katastrophale Umwelt- und Rohstoffsituation voll überblickt, sondern auch, wenngleich vergeblich, eine Kursänderung der Politiker zu erreichen versuchte, sagt im Hinblick auf den Umweltschutz: „Denn auch hier besteht eine beträchtliche Verfilzung zwischen Industrie, Verwaltung und Politik. Minister und Regierungsbeamte aller Parteien agieren als oberste

---

[53] Erhard Eppler: Wege aus der Gefahr, Reinbek 1981, Seite 77.

Aufsichts- und Genehmigungsbehörden und zugleich als Mitglieder von Aufsichtsräten der betroffenen Firmen[54]. Was zu tun wäre, sagt Gruhl mit einem Zitat von Ernst Forsthoff: „Der Staat müßte erst seine Handlungsfreiheit zurückgewinnen. Dies kann er nur, wenn er sich aus den Verflechtungen mit den Interessengruppen zu lösen vermag. Erst dann wird er seine Politik nicht mehr auf den Tag abstellen müssen, sondern auf die Zukunft richten können."[54]

Aus diesen, von profunden Kennern der Verhältnisse stammenden Darstellungen, in denen viele andere kritische Stimmen verarbeitet sind, ergibt sich die starke Abhängigkeit des Staates von der Wirtschaft, aber auch die grundsätzliche Verschiedenheit der jeweiligen Aufgaben, die sich nicht ohne Schaden vereinigen lassen. Darauf hat schon im Jahre 1919 Rudolf Steiner mit Nachdruck hingewiesen: „Die Bestrebung, mit der führende Kreise der Menschheit begonnen haben und die zur Überleitung gewisser Wirtschaftszweige (Post, Eisenbahnen usw.) in das Staatsleben geführt hat, muß der entgegengesetzten weichen: der Herauslösung alles Wirtschaftens aus dem Gebiete des politischen Staatswesens. Denker, welche mit ihrem Wollen glauben, sich in der Richtung nach einem gesunden sozialen Organismus zu befinden, ziehen die äußerste Folgerung der Verstaatlichungsbestrebungen dieser bisher leitenden Kreise. Sie wollen die Vergesellschaftung aller Mittel des Wirtschaftslebens, insofern diese Produktionsmittel sind. Eine gesunde Entwicklung wird dem wirtschaftlichen Leben seine Selbständigkeit geben und dem politischen Staate die Fähigkeit, durch die Rechtsordnung auf den Wirtschaftskörper so zu wirken, daß der einzelne Mensch seine Eingliederung in den sozialen Organismus nicht im Widerspruche mit seinem Rechtsbewußtsein empfindet... Auch wenn in der Vertretung des Rechtsstaates, wie es

---

[54] Herbert Gruhl: Ein Planet wird geplündert, Frankfurt 1975, Seite 136, 210.

ja selbstverständlich ist, dieselben Personen sitzen, die im Wirtschaftsleben tätig sind, so wird sich durch die Gliederung in Wirtschafts- und in Rechtsleben nicht ein Einfluß des Wirtschafts- auf das Rechtsleben ergeben können, der die Gesundheit des sozialen Organismus so untergräbt, wie sie untergraben werden kann wenn die Staatsorganisation selbst Zweige des Wirtschaftslebens versorgt, und wenn in derselben die Vertreter des Wirtschaftslebens aus dessen Interessen heraus Gesetze beschließen."[55]

So wie die Wirtschaft für die Güterversorgung da ist, so Politik und Staat für die Wahrung der Menschenrechte, wozu u.a. auch das Grundrecht auf Leben und körperliche Unversehrtheit gehört. Aus diesem Grunde muß die Politik der Wirtschaft Schranken setzen. Das hat sie zwar schon immer getan, seitdem das Sittengesetz aus den Zeiten Adam Smiths nicht mehr wirksam genug ist, aber weil die Politik heute die Wirtschaft mit allen Mitteln vorantreiben will, kommt sie ihrer eigentlichen Aufgabe nicht mehr nach.

Sachzwänge und Verantwortung von Politik und Staat

Woher kommt denn dieses Drängen nach immer mehr Produktion? Der für Politiker erstrangige Sachzwang einer erhöhten Arbeitslosigkeit veranlaßte sie, mit Hilfe einer riesigen Staatsverschuldung künstliche Nachfrage zu schaffen, weil die natürliche Nachfrage durch erhöhtes Sparen zurückfiel. Bekannt ist, daß schon immer der Weg beschritten worden ist, einer Rezession mit Hilfe einer gesteigerten Rüstungsproduktion zu begegnen, oder gar Kriege zu beginnen. Aber ein Grund für das Drängen nach höherer Produktion ist auch die irrtümliche Meinung,

---

[55] Rudolf Steiner: Kernpunkte der sozialen Fragen, Stuttgart 1920, S. 52, 53.

daß das Konjunkturgleichgewicht nur durch ständiges Wachstum der Wirtschaft erreicht werden könne. Es geht aber auf die Dauer nicht an, Dinge zu produzieren, die nicht gekauft werden. Stattdessen wäre es geboten, die Produktion dem wirklichen Bedarf anzupassen und die Arbeitszeit zu verkürzen, um Arbeitslosigkeit zu vermeiden. Wenn dies die Sozialpartner nicht zustandebringen, müßte es der Gesetzgeber anordnen. Nachdem gerade die Bundesrepublik Deutschland zu den Ländern gehört, die wegen ihrer dichten Besiedelung in naher Zukunft in die allerschwierigste Lage kommen werden, ist es erforderlich, den Wirtschaftsprozeß zu drosseln. Die Begründungen dafür liegen vor, aber es wird notwendig sein, damit zu beginnen. Es kann sich ja nicht darum handeln, die Technik abzuschaffen, sondern die Produkte und Verfahren, die schwere Schäden verursachen. Und es müßte durch eine Vorprüfung gesichert werden, daß keine Produktionen aufgebaut werden dürfen, die solche Schäden verursachen, und daß die vorhandenen abzubauen sind.

Die letzte Verantwortung für die Erhaltung der Natur liegt beim Gesetzgeber und beim Staat. Wenn durch die krisenfreie Funktion der Wirtschaft gravierende Sachzwänge, die bisher die Politik beherrscht haben, verschwinden, haben die Politiker die Möglichkeit, das Wirtschaften der Wirtschaft zu überlassen und ihrer Verantwortung gegenüber den Menschenrechten des Grundgesetzes nachzukommen.

Die Erhaltung der Natur als der Lebensgrundlage der Menschen hat im Zweifelsfalle Vorrang vor Handelsfreiheit, Wettbewerbsfähigkeit oder ständiger Produktionssteigerung. Ist es nicht Wahnsinn, wegen eines höheren Lebensstandards in der Gegenwart die Lebensgrundlage für alle Zukunft zu zerstören? Die Wälder sterben schon. Die Reduzierung der Produktion und des Verkehrs ist das Gebot der Stunde. Wann werden die Verantwortungsträger mutig genug sein, um einzugreifen? Angesichts der komplexen Zusammenhänge drängt sich aber vor allem die sonst kaum gestellte Frage auf: Wo liegen die Ursachen für die Entstehung von Produkten und Produktionsverfahren, die auf die Natur und den Menschen schädigend wirken?

2. Ursache naturzerstörender Produktionen durch eine einseitige Wissenschaftsrichtung

Chemie oder Biologie?

Rachel Carson beendete ihr aufsehenerregendes Buch „Der stumme Frühling" mit den Worten: „Es ist ein beängstigendes Unglück für uns, daß sich eine so primitive Wissenschaft (die angewandte Entomologie) für ihren Kampf gegen die Insekten mit den modernsten und fürchterlichsten Waffen ausgerüstet und damit die ganze Welt gefährdet hat." An einer Fülle von Beispielen zeigt sie, wie die Wissenschaftler ganz eng auf ihr Spezialproblem gerichtet sind und die verheerenden Nebenwirkungen ihrer Giftmittel weder bedenken noch beachten. Weil natürlich ein Bedürfnis der Schädlingsbekämpfung besteht, das durch die künstliche Düngung verschärft wird[56], werden die Gifte von der chemischen Industrie, nach Prüfung von ebenfalls wissenschaftlich ausgebildeten Beamten, produziert und in den Verkehr gebracht. Von Carson besonders hervorgehoben wird der seinerzeitige Fall staatlicher Landwirtschaftsbehörden, die bedenkenlos mittels Flugzeugen die Gifte über Land und Wälder ausstreuen ließen. Den Ausweg aus dem Dilemma sah sie in der biologischen Schädlingsbekämpfung, die der Natur gemäß ist und sie nicht zerstört.

Der Kern ihrer Ausführungen liegt aber in der Feststellung, daß die Wissenschaftler weithin vergessen hätten, daß sie Biologen sind und daß sie statt dessen Chemiker und „landwirtschaft-

---

[56] Koepf, H., Petterson, B. und Schaumann, W.: Biologisch-dynamische Landwirtschaft, 3. Auflage, Stuttgart 1980, Seite 11, 12.

liche Ingenieure" geworden seien. Die herrschende Lehre sieht im biologischen Geschehen in der Tat nur chemische Vorgänge, die von den gegebenen Stoffen oder Zellen ausgehen. Sie versucht, diese Vorgänge zu erfassen und durch chemische Düngemittel die Erträge zu steigern, wodurch jedoch die Humusdecke angegriffen wird und die Pflanzen anfälliger für Schädlinge werden. Diese werden dann durch weitere chemische Mittel bekämpft. So kommen die verschiedensten chemischen Substanzen in die Nahrungsmittel, ihre Wirkungen auf den menschlichen Organismus sind schwer zu ermessen und nicht nachzuweisen. Dies ist nur ein kleines Beispiel für die herrschende wissenschaftliche Denkweise, die nur materielle Mechanismen annimmt, und deren Resultate, in Technik umgewandelt, die Ursachen für die schweren ökologischen Probleme der Gegenwart sind.

Anthroposophische Wissenschaft vom Leben

Die von Rudolf Steiner begründete anthroposophische Geisteswissenschaft hat eine ganz andere Anschauung vom Leben. Die gesamte Lebenssphäre, aber auch der „Lebensleib" einer einzelnen Pflanze sind außer der wahrnehmbaren Stofflichkeit bestehende Wirklichkeiten, bewegliche, mit dem Kosmos zusammenhängende „übersinnliche Kraftsysteme",[57, 58] welche die Stoffe so auswählen und aufbauen, wie es für Wachstum, Stoffwechsel, Gestaltbildung, Fortpflanzung usw. erforderlich ist. Nicht die Zellen setzen sich zur Pflanze zusammen, sondern die nicht sichtbare Kraftgestalt der ganzen Pflanze ist diejenige dynamische Einheit, in welcher verschiedene kosmische und irdische Kräfte zusammenwirken; sie besorgt die Lebensvorgänge, den

---

[57] Rudolf Steiner: Eine okkulte Physiologie, Dornach 1957, S. 96–118.
[58] Ernst Michael Kranich: Die Formensprache der Pflanzen, 2. Auflage, Stuttgart 1979.

Aufbau der Zellen und der Gestalt der Pflanze. „Was wir Lebenserscheinungen nennen, sind die im physisch-substantiellen Prozeß nicht sichtbar werdenden Ergebnisse der Vorgänge, die sich in dem sinnlich nicht wahrnehmbaren Wirkensfeld der Bildekräfte-Organisation vollziehen, die als selbständige Ganzheit die Pflanze, das Tier, den Menschen aufbaut, ordnet, wandelt, immer wieder aufs neue impulsiert und in seiner Entwicklung bestimmt... Einer der Grundrhythmen, die sich im Werden der Organismen ausleben, ist der Rhythmus von Ausdehnung und Zusammenziehung aus eigener Kraft. Das große Rätsel der Organismen ist ihre Fähigkeit, unabhängig von Umweltfaktoren aus inneren Eigen-Impulsen Phasen der Expansion und Kontraktion durchzuführen. Es ist dies eine selbständige Aktivität des Lebendigen, die den embryonalen Prozeß, die Gliederung, Organbildung, Gestaltung und viele Lebensfunktionen beherrscht."[59]

Krankheiten zeigen an, daß die Lebensvorgänge durch irgendwelche Faktoren gestört sind. Leben ist im Gegensatz zum Gebiet des Anorganischen ein ständiges Bilden und Zerfallen von Gestaltungen, es ist ein ständiges Werden und Vergehen. In den sogenannten „Selbstheilungskräften", die jedoch Schäden nur zu einem gewissen Grade beheben können, wird die Wirksamkeit des Lebewesens besonders deutlich. Im Tode, dem plötzlichen Aufhören der Lebensvorgänge, wo das Lebewesen sich von dem stofflichen Gebilde zurückzieht, mit dem es bisher verbunden war, beginnen die Stoffe nach ihren eigenen Gesetzen zu wirken und die Gestalt aufzulösen. Der Lebensleib steht als komplizierte, nicht sinnlich wahrnehmbare Ganzheit der toten Materie gegenüber. Damit die Pflanze gedeihen kann, benötigt sie einen humusreichen, lebendigen Boden. Aus diesen Gründen erfolgt die Düngung nicht durch chemisch-mineralische Stoffe,

---

[59] Guenther Wachsmuth: Erde und Mensch — ihre Bildekräfte, Rhythmen und Lebensprozesse, 2. Auflage, Dornach 1952, Seite 244/245.

sondern durch organische Substanzen, oder durch Stoffe, welche mit Hilfe geeigneter Prozesse in die Lebenssphäre erhoben worden sind (dieses Prinzip gilt auch für die Medikamente der anthroposophischen Medizin).

Diese wissenschaftliche Richtung wird in der biologisch-dynamischen Landwirtschaft angewandt und hat sich seit Jahrzehnten voll bewährt. Sie liefert ohne künstlichen Mineraldünger und giftige chemische Insektizide, Fungizide, Herbizide oder Wachstumsregler hochwertige Erzeugnisse (Demeter), die in Geschmack und Haltbarkeit herausragen. Die angewandten Methoden vermeiden die Behandlung mit toten Stoffen, sie stärken durch eine besondere Bearbeitung des Bodenlebens die Lebensprozesse der Pflanzen und machen sie dadurch kräftiger und resistenter gegen Schädlinge. Alle Maßnahmen dienen primär der Gesunderhaltung der Pflanzen- und Tierwelt, ihrer Hege und Pflege unter Beachtung kosmischer Zusammenhänge, und nicht der Erzielung eines Produktionsmaximums. Trotzdem können sich die Höfe behaupten.[60, 61, 62]

Es gibt noch andere biologische Methoden, aber sie alle können sich nur langsam entwickeln. Weshalb? Weil die Wissenschaft der chemischen Mechanismen die Ministerien, Hochschulen und Schulen beherrscht und die Jugend ausbildet. So wird z.B. von ministerieller Seite anerkannt, daß der „alternative Landbau" ohne chemische Hilfsmittel auskommt, aber es heißt dann: „Die Übertragung dieser Produktionsmethoden auf die gesamte Landwirtschaft ist jedoch nicht möglich, weil sich ein

---

[60] Koepf, H., Petterson, B. und Schaumann, W.: Biologisch-dynamische Landwirtschaft, 3. Auflage, Stuttgart 1980.
[61] Koepf, H.: in Zivilisation der Zukunft, Stuttgart 1981.
[62] Koepf, H.: Landbau, natur- und menschengemäß, Stuttgart 1980.

höheres Preisniveau für die Lebensmittel nicht durchsetzen läßt."[63] Es sind also rein ökonomische Gesichtspunkte der Grund für eine ablehnende Haltung, obwohl die Gefahren der Anwendung chemischer Mittel gesehen werden. Außerdem erhöhen sich die Preise meist wegen der bisher noch relativ geringen Mengen durch die erhöhten Kosten im Handel. Im Erzeugerbereich sind die Preise nicht höher, wenn in der konventionellen Anbauweise sehr große Mengen an Dünge- und Spritzmitteln benötigt werden. Aber selbst etwas höhere Preise wären ohne weiteres durchsetzbar, wenn die chemischen Mittel nicht mehr verwendet werden dürften. Diese irreführende Argumentation läßt allzu deutlich die ideologische Befangenheit erkennen. Dieses ökonomisch begründete, einseitig nur die Materie berücksichtigende, mechanistische Denken, das weder das Leben, noch Seele und Geist in den Naturreichen und im Menschen in Betracht zieht, es löst durch die Technik Vorgänge aus, die diese anderen Bereiche nicht berücksichtigen und zunehmend schädigen. Davon zeugen auch die aussterbenden Arten in Pflanzen- und Tierwelt, die zum Himmel schreien, sowie die Zivilisationskrankheiten.

3. Wissenschaftsmethoden materieller Mechanismen – ein weltweiter Machtfaktor

Carl Friedrich von Weizsäcker, der selbst u.a. die naturwissenschaftlichen Zufallshypothesen seinem Denken zugrundelegt, bemerkt doch auch die Gefährlichkeit derselben: „Die Inhumanität der Technokratie ist eine Folge des Sieges des strukturellen Denkens im Sinne dieser Wissenschaften."[64] Er bezeichnet deutlich die eigentliche Kalamität: „Wissenschaft, die dem

---

[63] Gerhard Weiser (Hrsg.): Unser Leben zwischen Natur und Technik, Stuttgart 1979, Seite 120.
[64] Carl Friedrich von Weizsäcker: Die Einheit der Natur, 2. Auflage, München 1981, Seite 23.

Überleben dient, hat andere Gesetzmäßigkeiten als Grundlagenforschung." Und er kommt auf eine sehr zentrale Frage: „Wie kann das, was wir denken können, die Gesetze hergeben für das, was wir mit den Sinnen wahrnehmen? Das ist das Problem." Dieses von Kant maßgeblich geschaffene Problem ist schon durch Goethe, aber vor allem durch Rudolf Steiner gelöst und eingehend dargestellt worden.[65, 66, 67] Die Gesetze sind in der Natur enthalten, sie können durch das Denken gefunden werden. Wenn aber der Mensch in Wissenschaft und Technik aus Willkür eigene Gesetze der Natur aufzwingt und zwar ohne Rücksicht auf deren Leben, so ergeben sich verheerende Wirkungen, sowohl auf die Natur als auch auf das Bewußtsein der Menschen. Verständlicherweise sind es aus den Reihen der Wissenschaft selbst nur wenige Persönlichkeiten, die den Mut aufbringen, dies deutlich auszusprechen. So schreibt u.a. Robert Jungk, Zukunftsforscher und Professor an der TU Berlin:[68] „Die Wissenschaft als geistige Leitlinie unserer Entwicklung muß in Frage gestellt werden, weil sie zu eng, zu gefährlich geworden ist. Diese Wissenschaft ist ein Feuer, das uns alle und unsere Welt zu verzehren droht, sie ist aber auch ein Gefängnis, das unsere Denkmöglichkeiten einschränkt. Wissenschaft hatte früher einen befreienden Charakter. Sie durchbrach die Beengung von Kirche und Religion und schuf einen Freiraum des Denkens und Nachdenkens. Heute ist es so, daß wir neuen Freiraum brauchen, um überhaupt denken und wieder agieren zu können, um wieder leben zu können. Wir müssen uns gegen eine Wissenschaft wehren, die dogmatisch und repressiv geworden ist."

---

[65] Rudolf Steiner: Grundlinien einer Erkenntnistheorie der Goetheschen Weltanschauung, 7.Auflage, Dornach 1979.
[66] ders.: Wahrheit und Wissenschaft, 5. Auflage, Dornach 1980.
[67] ders.: Die Philosophie der Freiheit, 14.Auflage, Dornach 1978.
[68] Robert Jungk in Wissenschaft auf Abwegen. Hrsg. Michael Grupp, Fellbach 1980, Seite 219.

Theo Ginsburg, Professor an der ETH Zürich schreibt:
„Heute konzentriert sich die Hochschulausbildung weitgehend auf die Vermittlung von Fachwissen. Der Student wird derart mit Wissensstoff eingedeckt, daß ihm kaum mehr Zeit für eine schöpferische Verarbeitung der neu erworbenen Kenntnisse bleibt. Viel zu wenig Bedeutung wird der Fähigkeit zugemessen, neue Tatsachen und neue Erfahrungen richtig einzuordnen, die Zusammenhänge zu erkennen. Spezialistentum wird gefördert, die ganzheitliche Erfassung von Problemen hingegen als unwissenschaftlich abgetan. Hier wird die Grundlage gelegt für die Ausklammerung aller sozialen und gesellschaftspolitischen Aspekte in der Arbeit des zukünftigen Wissenschaftlers.

Ein Fragenkomplex, der für die Weiterentwicklung unserer Zivilisation lebenswichtig ist, wird von den Universitäten mit einer fast an Abwehr grenzenden Haltung verdrängt. Es handelt sich um die Auswirkungen von Technik und Wissenschaft auf die gesellschaftlichen und sozialen Strukturen. Die Hochschulen scheinen sich der Bedeutung dieser Problematik gar nicht bewußt werden zu wollen. Wenn Studenten und Assistenten sich mit diesen Fragen auseinandersetzen (was heute leider nur relativ selten der Fall ist), werden sie schnell linker Tendenz bezichtigt. Eine Diskussion mit Professoren zu diesem Thema ist – von einigen wenigen Ausnahmen abgesehen – fast ausgeschlossen. Damit fehlt aber ein zentrales Element der Hochschulbildung, das zur Zukunftsbewältigung unabdingbar ist. . . Aber die Hochschule schweigt! Die Professoren forschen im wertfreien Bereich der technischen Wissenschaften und geben die dort entwickelten Lösungen an die Studenten weiter. Aber sie befragen nicht den Sinn der technologischen Entwicklung, die auf diesen Lösungen beruht. Sie weigern sich kategorisch, die langfristigen sozialen Auswirkungen ihrer wissenschaftlichen Erkenntnisse mit derselben Gründlichkeit zu erforschen, mit der sie in den Laboratorien die Geheimnisse der Natur enträtseln. Die Frage muß gestellt werden, ob diese Art *wertfreier* Wissenschaft nicht Gefahr läuft, auf die Dauer *wertlose* Wissenschaft zu werden."[69]

In Anbetracht dieser, von Hochschullehrern stammenden Aussagen über eine Methode des Denkens, die sich auf alle Wissenschaftsgebiete ausgedehnt hat, so auch auf Biologie, Medizin, Psychologie, Soziologie usw., erhebt sich die schwerwiegende Frage, aus welchen Gründen die Jugend nur in dieser, Mechanismen voraussetzenden Denkweise ausgebildet wird, obwohl andere, umfassendere Denkweisen vorhanden sind? Diese Wissenschaftsmethode ist weltweit ein so starker Machtfaktor geworden, daß nach der Auffassung von T.S. Kuhn nur noch eine Handvoll der meistgelesenen Autoren es sich leisten kann, etwas neues zu sagen oder etwas neues aufzunehmen. Die anderen können es nicht, wenn sie nicht beruflich als Außenseiter abgestempelt werden wollen.[70] Wie konnte eine wissenschaftliche Methode, die nur für den anorganischen technischen Bereich passend ist, eine solche Macht gewinnen? Liegt es an dem von T.S. Kuhn festgestellten Verhalten der „unsichtbaren Gemeinschaft" der einflußreichsten Wissenschaftler, welche die Richtung der Forschung bestimmen, an der enorm gesteigerten Informationsflut, die alle in die gleiche Richtung zwingt, oder an der These Kants vom subjektiven Denken, das nichts Objektives erkennen kann? Oder liegt es an der Mitwirkung des Staates, der seinem autoritären Wesen gemäß auf dem Felde der Erziehung überall das Gleiche gelehrt haben möchte, und der bei den Hochschullehrern „durch den Beamtenstatus mit seinen domestizierenden Wartezeiten... Wohlverhalten" erzwingt?[71]

Eindeutige Antworten lassen sich kaum gewinnen, eindeutig ist nur, daß Zwangsmächte am Werke sind. So ist die praktische Frage: Wie kann diese Situation geändert werden? Nach dem

---

[69] Theo Ginsburg in: „Wissenschaft auf Abwegen", Hrsg. Michael Grupp, Fellbach 1980, Seite 93/94.
[70] Benjamin Ward: Sind die Wirtschaftswissenschaften am Ende?, Stuttgart 1976, Seite 27—36, 49—53.
[71] Stefan Leber: Selbstverwirklichung, Mündigkeit, Sozialität, Stuttgart 1978, Seite 122.

Grundgesetz soll die Wissenschaft, soll Forschung und Lehre frei sein. Das setzt voraus, daß neue wissenschaftliche Richtungen, die sich durch die positiven Auswirkungen ihrer Lehre legitimiert haben, rechtlich und finanziell dieselbe Förderung erhalten wie andere Richtungen. Bei einer genaueren Prüfung der Angelegenheit ergibt sich sogar, daß es gerade die Aufgabe des Staates wäre, dafür zu sorgen, daß die Freiheit für alle ernstzunehmenden Wissenschaften gewährleistet wird und daß nicht Machtstrukturen oder die Rechtsgleichheit verletzende finanzielle Diskriminierungen das Aufkommen neuer Methoden verhindern. Diese Aufgabe ist dem Staat vom Grundgesetz her aufgetragen, aber er tut das Gegenteil, er will möglichst das Hochschulwesen allein betreiben. Allerdings wäre es zuviel von ihm verlangt, über die Qualifikation einer wissenschaftlichen Richtung zu entscheiden, da er gemäß seiner autoritären Konstitution darauf ausgerichtet ist, Gesetze auszuführen. Das ist seine Stärke, aber auch seine Begrenzung. Jedoch müßte er die verloren gegangene Freiheit der Wissenschaft wiederherstellen.

Forschung und Lehre müssen frei sein

Deshalb liegt es nahe, die Verwirklichung einer freien Wissenschaft, Forschung und Lehre darin zu suchen, daß das Kollegium der Hochschullehrer in der Auswahl der zu berufenden Lehrer und in der Gestaltung der Lehre frei ist und daß die Studenten frei sind, ihre Hochschule zu wählen. Diese erhält die Mittel durch einen Bildungsgutschein, der den Studenten zum Studium berechtigt und verpflichtet. Dieses System wird von prominenter Seite in den USA verfolgt, damit durch den Wettbewerb zwischen den Hochschulen die Effizienz und Qualität der Ausbildung wesentlich verbesser werde.[72] Ein freies Er-

---

[72] M. u. R. Friedman: Chancen die ich meine, Berlin 1980, S. 167–204.

ziehungswesen wurde von Rudolf Steiner schon im Jahre 1919 dringend gefordert. Die von ihm begründeten Freien Waldorfschulen haben sich in aller Welt voll bewährt. Von einer freien Wissenschaft erwartete er eine unendliche Belebung und Bereicherung sowohl der Methoden als auch der Inhalt von Forschung und Lehre: „Für das Geistesleben, mit dem auch die Entwicklung der anderen individuellen Fähigkeiten im Menschenleben durch unübersehbar viele Fäden zusammenhängt, ergibt sich nur eine gesunde Entwicklungsmöglichkeit, wenn es in der Hervorbringung auf seine eigenen Impulse gestellt ist, und wenn es in verständnisvollem Zusammenhang mit den Menschen steht, die seine Leistungen empfangen... Man spricht ja wohl von „Freiheit der Wissenschaft und des Lehrens". Aber man betrachtet es als selbstverständlich, daß der politische Staat die „freie Wissenschaft" und das „freie Lehren" verwaltet. Man entwickelt keine Empfindung dafür, wie dieser Staat dadurch das Geistesleben von seinen staatlichen Bedürfnissen abhängig macht. Man denkt, der Staat schafft die Stellen, an denen gelehrt wird; dann können diejenigen, welche diese Stellen einnehmen, das Geistesleben „frei" entfalten. Man beachtet, indem man sich an eine solche Meinung gewöhnt, nicht, wie eng verbunden *der Inhalt* des geistigen Lebens ist mit dem innersten Wesen des Menschen, in dem er sich entfaltet. Wie diese Entfaltung nur dann eine freie sein kann, wenn sie durch keine andern Impulse in den sozialen Organismus hineingestellt ist als allein durch solche, die aus dem Geistesleben selbst kommen. Durch die Verschmelzung mit dem Staatsleben hat eben nicht nur die Verwaltung der Wissenschaft und des Teiles des Geistesleben, der mit ihr zusammenhängt, in den letzten Jahrhunderten das Gepräge erhalten, sondern auch der Inhalt selbst."[73]

---

[73] Rudolf Steiner: Kernpunkte der sozialen Frage, Dornach 1920, Seite 56, 57

4. Die fundamentalen Ursachen der Naturzerstörung

Auf die Frage nach den fundamentalen Ursachen der Schädigungen und Gefährdungen der Natur und des Menschen ergab sich einerseits, daß Politik und Staat zu sehr mit der Wirtschaft verflochten sind, und daß sie deshalb zu schwach geworden sind, die naturzerstörenden Wirkungen zu beschränken. Andererseits ist der Staat durch seine Trägerschaft mit dem Hochschulwesen verflochten, das, zusammen mit ihm ein monopolistisches Machtsystem darstellt, welches ausschließlich eine Naturwissenschaft materialistischer Mechanismen lehrt, aus deren Ergebnissen naturzerstörende Techniken ihren Ausgang nehmen. Andere Methoden werden nicht aufgenommen, noch etwa in freien Hochschulen finanziert, so daß auch die Freiheit der Wissenschaft nicht verwirklicht ist.

So sind es letztlich die Verflechtung von Politik und Staat einerseits mit der Wirtschaft und andererseits mit dem Hochschulwesen, welche als fundamentale Ursachen der Naturzerstörung zugrundeliegen.

Die sozialwissenschaftlichen Forschungen Rudolf Steiners führten ihn schon im Jahre 1919 zu dem Ergebnis, daß in unserer Zeit ein gesunder sozialer Organismus nur entstehen könne, wenn nicht am Einheitsstaat alter Prägung festgehalten werde, weil es drei Bereiche gibt, die verschiedener Ordnungsprinzipien bedürfen. Das Geistesleben (Wissenschaft, Kunst, Religion, Erziehungswesen) bedürfe der Freiheit, das Rechtsleben (Staat, Politik) der Gleichheit und das Wirtschaftsleben der Brüderlichkeit, des sozialen Handelns.[74] Diese Auffassung deckt sich mit dem Grundgesetz der Bundesrepublik Deutschland. Steiner

---

[74] R. Steiner: Die Kernpunkte der sozialen Frage, 6. Auflage, Dornach 1976.

zieht aus seiner Erkenntnis die Konsequenz, daß diese drei Be Bereiche selbständige, sich selbst verwaltende, aber zusammenwirkende Glieder der Gesellschaft sein sollten, er spricht von der „Dreigliederung des sozialen Organismus."[74] Wenn aber Politik und Staat ihre Verflechtung mit der Wirtschaft und dem Hochschulwesen auflösen würden, hätten sie mit Sicherheit größere Kraft, um den Weg in Natur- und Bewußtseinskatastrophen abzuwenden.

Von der Kunst des Staatsmannes

Wenn das Engagement in der Wirtschaft und die Herrschaft über das Hochschulwesen entfällt, hat dann der Staat nur noch „Nachtwächterfunktionen" auszuüben? Zur Beantwortung dieser Fragen muß zuerst der seit Jahrhunderten so zentrale wie ungenaue Begriff der Freiheit präzisiert werden. Der übliche Gebrauch und die Definition „Abwesenheit von Zwang" ist irreführend, weil dies vereinbar ist mit völliger Passivität oder übelstem Egoismus, wie denn auch Solschenyzin aufgrund seiner Beobachtungen der „freien Welt" zu der Frage kommt: „Wendet sich die Freiheit zum Bösen?", mit der er ausspricht, was viele Menschen mit Sorge erfüllt. Mit dieser Freiheit ist aber nur äußere Unabhängigkeit gemeint. Es gibt auch innere Zwänge, die den Menschen unfrei machen, wenn er aus Konvention, Ideologie, aus blindem Triebe, aus egoistischen Wünschen der Seele usw. handelt[75], womöglich entgegen der besseren Einsicht seines innersten geistigen Wesens. Nur in solchen Handlungen ist der Mensch frei, in denen er eine Situation klar erkennt und danach handelt. Dann wird er das Rechte tun. Er wird sich

---

[74] Rudolf Steiner: Die Kernpunkte der sozialen Frage, 6. Auflage, Dornach 1976.
[75] Rudolf Steiner: Die Philosophie der Freiheit, 14.Auflage, Dornach 1978.

mit anderen verständigen, sozial begegnen, er handelt ethisch. Je weiter seine Erkenntnis reicht, desto weitreichender können seine freien Handlungen werden. Die Erkenntnis der Wahrheit macht frei.

Um zu Handlungen aus Freiheit zu kommen, ist aber auch äußere Freiheit oder Unabhängigkeit notwendig, weil dann erst sichtbar wird, wie es mit der inneren Freiheit, mit der Beherrschung der verführenden, aber bisher durch Sittengesetze festgehaltenen Seelenmächte bestellt ist. Wahre Freiheit bzw. geistige Selbständigkeit ist das Ziel der die Menschheitsentwicklung führenden göttlich-geistigen Mächte. Der Mensch muß daran in geistiger Aktivität mitwirken. Der Staat kann ihm dabei nicht helfen. Die Kunst des Staatsmannes, der Politik liegt darin, die Freiheiten im rechten Maße zu gewähren und die Mißbräuche wirksam zu verhindern. So leistet er seinen bedeutsamen Beitrag für die Menschheitsentwicklung.

In dem geschichtlich offen zutage liegenden gewaltigen gesellschaftlichen Umbruch, der mit dem Zerfall der autoritären Herrschaftsformen und der Moral- und Sittengesetze als äußeren Forderungen einhergeht, sowie in der zunehmenden Bewußtheit und Selbständigkeit der Menschen wird die Menschheitsentwicklung sichtbar, die im Werk Steiners in umfassender Weise dargestellt ist.[76, 77] Dabei ist es selbstverständlich, daß in dieser Entwicklung beträchtliche Unterschiede zwischen den einzelnen Menschen und zwischen den Völkern auftreten. Die Gesellschaftsordnung wird nicht mehr nur von Politik und Staat dekretiert, sondern sie entsteht auch aus der Erkenntnis der für das allgemeine Wohl notwendigen Gestaltung der verschiedensten kleinen und großen Gemeinschaften, am ehesten dort, wo

---

[76] R. Steiner: Ursprung und Ziel des Menschen, Grundbegriffe der Geisteswissenschaft, Dornach 1981.
[77] R. Steiner: Welt, Erde und Mensch, deren Wesen und Entwicklung. Dornach 1960.

ein arbeitsteiliges Zusammenwirken erforderlich ist. Aus solcher Freiheit und der Einsicht und inneren Zustimmung zu dem gemeinsamen Ziel entstehen allein soziale Gebilde.

An diese Fragen rührt Lothar Späth, wenn er meint, daß die Freiheit nicht nur als ein Stück ummauertes Privatgelände verstanden werden dürfe, sondern daß sie durch Verantwortungsübernahme, durch Verbindlichkeit ausgefüllt werden müsse[78]. Werden aber Politik und Staat bereit sein, Verantwortung abzugeben? Er spricht von der „verloren gegangenen Akzeptanz einer allgemeinen Staatsidee", von der Sinngebung, die der Staat nicht leisten könne und von dem Ungenügen einer „basisfernen Grundwertediskussion". Weil der Staat die Sinngebung des menschlichen Lebens nicht leisten kann, hat er dafür zu sorgen, daß ein breites, freies Geistesleben entstehe, in dem die Menschen den Weg zum Sinn des Lebens finden können. Die Diskussion über die Grundwerte kann zwar nicht viel bewirken, wohl aber die Verwirklichung der Grundgesetze, an der es noch weithin fehlt, und zwar in konkreten Einrichtungen. So könnte z.B. die Errichtung freier Hochschulen, die finanzielle Gleichstellung freier Schulen mit Staatsschulen, freier mit staatlichen kulturellen Einrichtungen, die Entflechtung von Staat und Wirtschaft, die Abschaffung des Gesetzes zur Förderung des Wachstums der Wirtschaft, gemeinschaftliche Steuerungsorgane der volkswirtschaftlichen Instanzen, schärfere Maßnahmen zum Schutze der Natur bzw. von Leben und Gesundheit, die „Akzeptanz der Staatsidee" neu, und sicherlich mit großem Widerhall in Erscheinung treten lassen.

Natürlich haben Politik und Staat die schwierige Aufgabe, den Mißbrauch der eingeräumten Freiheiten durch eine entsprechende Gesetzgebung und Exekutive zu verhindern. Auch

---

[78] Lothar Späth in „Ethik und Politik", Hrsg. Rüdiger von Voss, Köln 1980, Seite 89—93.

sie bedürfen einer erweiterten Erkenntnis, um die Schäden auf den verschiedensten Gebieten überhaupt feststellen zu können. Diese Aufgabe der Schaffung eines besseren Rechtes mit internationaler Ausstrahlung ist größer, als gemeinhin angenommen wird, denn es wird benötigt, um eine gesicherte Weiterentwicklung der Menschen, die heute bedroht ist, zu ermöglichen. Eine solche Entwicklung kann aber nur in aktiver Mitwirkung des einzelnen Menschen, der darin seine eigentliche Würde erlebt, vonstatten gehen. Politik und Staat können dazu die Voraussetzung schaffen, wenn sie sich auf die Rechtssphäre beschränken, aber diese aus einer vertieften Erkenntnis von Mensch und Welt gestalten. Dann können sich die vielgesuchten Kräfte der Freiheit in allen Fragen der Kultur und Erziehung, in der Erkenntnis der lebendigen Natur und ihrer Pflege, sowie der Sozialität in wirtschaftlichen Zusammenhängen in rechter Weise entfalten. Und die Gesellschaft könnte so nicht nur vor schweren Krisen der Wirtschaft, sondern auch der Politik und des Geisteslebens besser bewahrt werden. Nach der Auffassung Rudolf Steiners ist aus Gründen, die in der Geschichte ablesbar sind, die Lösung der sozialen Frage eine zentrale Aufgabe Mitteleuropas.

PERSONENVERZEICHNIS

Beltle, Th. 30, 34, 84
Carson, R.L. 84, 91
Deutsche Bundesbank 9, 25, 39, 50, 52, 54
Deutsches Institut für Wirtschaftsforschung 9, 36, 37, 69
Douglas, M. 17
Edgeworth, F.Y. 17
Eppler, E. 87
Friedman, M. 18, 19, 20, 22, 38, 40, 48, 76, 99
Fries, J. 31
Gesell, S. 14, 17
Ginsburg, Th. 47, 98
v. Goethe, J.W. 31, 96
Gruhl, H. 84, 88
Hobson, J.A. 62
Jungk, R. 86, 96
Kant, I. 96, 98
Ketterer, Kloten 20, 27
Keynes, J.M. 12, 13, 14, 16, 17, 18, 20, 23, 44, 45, 47, 62, 63, 75
Koepf, H. 91, 94
Kranich, E.M. 92
Kuhn, T.S. 98
Leber, S. 86, 98
Malthus, Th.R. 14, 16, 17, 62
Marshall, A. 17
Marx, K. 14, 17, 62
Meadows, D.L. 84
Morrison, A.C. 84
Müller-Röck, 35
Pauw, E.J. 64
Petterson, B. 91, 94
Pigou, A.C. 17
Ricardo, D. 16, 62
Sachverständigenrat 51, 57, 63
Say, J.B. 21, 43, 47, 62
Schaumann, W. 91, 94

Schwaab, G. 84
Simons, H. 23
Smith, A. 16, 45, 62, 89
Späth, L. 104
Steiner, R. 31, 32, 72, 77, 84, 85, 88, 89, 92, 96, 101, 102, 103, 105
Stobbe, A. 13, 14, 20, 23, 30, 44
Stuttgarter Zeitung 83
Teichmann, U. 12, 18, 74
Traube, K. 86
Ward, B. 98
Wachsmut, G. 93
Weiser, G. 95
v. Weizsäcker, C.F. 95

SACHVERZEICHNIS

Anthroposophische Wissenschaft 92
Arbeitslosengelder 66
Arbeitslosigkeit 40, 42, 49, 50, 52, 69
Arbeitszeitverkürzung 52, 64
Assoziationen 72
Aufgabenkollision 87
Außenbeitrag 53, 55

Bankensystem 27
Banknoten 25
Beschäftigung 14, 49
Biologie 91, 92
Biologisch-dynamische Landwirtschaft 94
Bildungsgutschein 99
Brüderlichkeit 101

Care – Pakete 72
Chemie 91, 92

Dreigliederung des sozialen Organismus 102

Eigenkapitalbasis 52
Einheitsstaat 101
Einigungen 32, 41, 82
Einkommen 24, 26, 36, 37, 38, 41, 43, 48
Einkommensgeldstrom 25, 27, 29, 31, 52, 60
Entsparung 73
Ersparnis 16, 20, 44

Finanzkrise 64
Finanzpolitik 10
Fiskalismus 11, 47
Forschungsmethode 30, 31
Freiheit 82, 102, 103, 104, 105

Geistesleben 101, 104
geisteswissenschaftlich 31
Geld 24, 25, 26, 29, 31
Geldentstehung 24, 25, 27, 28
Geldhorte 70
Geldillusion 73
Geldmenge 9, 19, 20, 22, 23, 25, 28, 29, 38, 48
Geldnachfrage 19
Geldpolitik 23, 27, 28, 75
Geldschöpfung 27
Geldvermögen 69, 77
Geldversorgung 27, 45
Gesamteinkommen 20, 27, 35
Gesellschaft 105
Gesetz 31, 33
Gesetzgeber 86, 87, 90
Gewerkschaften 39, 40, 42, 67
Gewinn 18, 20, 35ff, 44
Gleichheit 101
Grundrechte 87, 99, 101, 104
Güter 24ff, 29, 31, 44
Güterstrom 43
Gütertausch 30

Inflation 12, 22, 31, 34ff, 40, 41, 73
Investitionen 10, 14, 15, 18ff, 39, 44, 45, 63, 74
Interessengruppen 88

Jubeljahr 77

Kassenhaltung 18, 19, 20
Kerntechnik 86
Klassische Theorie 20, 62
Konjunktur 9, 12, 29
Konjunktur-Assoziation 30, 40, 73
Konjunkturgleichgewicht 27, 29, 30ff, 34, 68

108

Konjunkturindikatoren 29, 50, 59, 61
Konjunktursteuerung 39, 40, 64ff, 68
Konjunkturtheorie 12ff, 43
Konjunkturverlauf 49, 52, 59
Konsumentenkredit 35, 47, 53, 56
Konzentration 33
Konzertierte Aktion 39
Kredite 12, 13, 21, 24, 26, 28, 40, 45
Kreditbeschränkungen 40
Krise 12, 17, 22, 23, 28, 61, 62, 67, 82

Leben 92, 93
Leistungen 24ff
Löhne 36ff, 42, 49, 73
Lohnpolitik 9, 41

Machtstrukturen 23
Märkte 33, 82
Marktkräfte 81
Massenarbeitslosigkeit 12, 14, 43
mechanistische Denkweise 79
Menschheitsentwicklung 85, 103, 105
Monetarismus 11, 18, 40, 48, 62

Nachfrage 10, 12, 14ff, 20, 21, 44, 74
Nachfrageausfall 47, 68
Nachfragegeldstrom 25, 31, 43, 45, 47, 57, 60
Nachfrageveränderung 43, 45, 53, 54, 57, 59ff, 68
Naturzerstörung 83, 91, 101
Notenbank 22, 23, 27, 39, 40, 76
Notenpresse 77

Öffentliche Haushalte 40, 56, 61, 76

Ölgelder 78

Pflanze 92, 93
Politik 86, 89, 101, 104, 105
Politiker 78, 90
Preise 22, 35ff, 48, 50, 52
Preisniveau 19, 20, 39, 42, 49
Produktionsmittel 20, 88

Quantitätstheorie 18

Rechtsleben 89, 105
Reinvestitionen 36, 37

Sachzwänge 86, 89, 90
Schenken 70, 72
Schuldenerlasse 77
sozial 41, 72, 101, 103
Sozialer Organismus 89
Sozialkontrakt 39
Sozialprodukt 25, 27, 29, 36, 38, 39, 50, 53
soziologisch 32, 33, 41
Sparen 15, 20, 21, 43, 45, 48, 61, 62, 69
Sparförderung 78
Spargelder 29, 43ff, 53, 55, 63, 68, 77
Spekulationskasse 20, 48
Spezialistentum 83, 97
Staat 86ff, 98, 99, 101, 104, 105
Staatsausgaben 68
Staatsmann 102, 103
Staatsverschuldung 10, 17, 25, 47, 52, 54, 68, 76, 77
Stagflation 35, 38
Steuern 36, 37, 67, 78

Tarifpartner 39, 40
Technik 96, 97, 101
Theorie 30

109

Übernachfrage 12, 27, 31, 34, 38, 40
Umweltkatastrophe 83
Unternachfrage 12, 20, 27, 31, 34, 38, 43, 49, 52, 61, 67
Unternehmen 20, 40
Urfunktionen 30, 31, 32

Verschuldung 48, 52
Verstaatlichung 88
Verständnis 41
Vertragswesen 32
Volkswirtschaftliches Gesamteinkommen 36, 53
Volkswirtschaftliche Gesamtrechnung 29, 30, 35, 44

Wachstum 90
Wachstumspolitik 74

Wachstumsrate 50, 58
Weltwirtschaft 79
Wertpapiere 29, 43, 70
Wertschöpfung 26
Wettbewerbsdruck 52
Wirtschaft 87ff, 101
Wirtschaftsteilnehmer 30, 31, 64, 73, 80
Wissenschaft 95, 96, 97, 99, 100
Würde des Menschen 82, 105

Zahlungsbilanz 52
Zentralgesteuerte Wirtschaftssysteme 62
Zinslast 76
zinslose Anleihen 76
Zinspolitik 75
Zinssatz 20, 21, 40, 69, 75
Zusammenarbeit 82